有效谈判

建立持久伙伴关系五步法

[瑞士]**梅丽莎·戴维斯**（Melissa Davies）_著　**吴慈瑛**_译

THE PRACTICAL
NEGOTIATION HANDBOOK

中国科学技术出版社

·北　京·

The Practical Negotiation Handbook/ISBN: 9781398601802
© Melissa Davies, 2021
This translation of The Practical Negotiation Handbook is published by arrangement with Kogan Page.
Simplified Chinese translation copyright ©2024 by China Science and Technology Press Co., Ltd.

北京市版权局著作权合同登记 图字：01-2024-0120。

图书在版编目（CIP）数据

有效谈判：建立持久伙伴关系五步法 /（瑞士）梅
丽莎·戴维斯（Melissa Davies）著；吴慈瑛译 . — 北京：
中国科学技术出版社，2024.7
书名原文：The Practical Negotiation Handbook
ISBN 978-7-5236-0658-2

Ⅰ . ①有… Ⅱ . ①梅… ②吴… Ⅲ . ①谈判学 Ⅳ .
① C912.3

中国国家版本馆 CIP 数据核字（2024）第 079166 号

策划编辑	杜凡如　李　卫	责任编辑	孙　楠
封面设计	仙境设计	版式设计	蚂蚁设计
责任校对	焦　宁	责任印制	李晓霖

出　　版	中国科学技术出版社
发　　行	中国科学技术出版社有限公司
地　　址	北京市海淀区中关村南大街 16 号
邮　　编	100081
发行电话	010-62173865
传　　真	010-62173081
网　　址	http://www.cspbooks.com.cn

开　　本	880mm×1230mm　1/32
字　　数	185 千字
印　　张	9
版　　次	2024 年 7 月第 1 版
印　　次	2024 年 7 月第 1 次印刷
印　　刷	北京盛通印刷股份有限公司
书　　号	ISBN 978-7-5236-0658-2 / C·261
定　　价	79.00 元

引 言 001

第一部分
**心态、过程
与前提**

01　**心态　009**
与对方合作　010
应对利益冲突的不同策略　011
谈判　021
要点总结　024

02　**五步流程　025**
特征与关注点　025
五个步骤及其关注点　026
避免下意识的反应　029
谈判是一个迭代过程　032
要点总结　034

03　**前提和目标定位（联动工具）　036**
前提　037
制定和明确目标的重要性　041
明确"是什么"和"为什么"：借助
联动工具来确定目标　042
关于动机的一些看法　044

立足点：目标　049

意愿和准备　054

要点总结　055

PART 2

第二部分
准备

04　**第 1 步：分析背景　059**

分析背景的意图　060

多元文化背景下的谈判　070

要点总结　076

05　**第 2 步：分析目标　077**

避免三个常见错误　078

分析目标　081

你的条件　085

给你的条件设限　088

要点总结　095

PART 3

第三部分
会面与沟通

06　**第 3 步：会面　099**

会面背景与前提　100

结构　104

要点总结　115

07　**会面时使用的工具　117**

如何传达路线图　118

谈判者的工具　120

副领队的工具　126

其他谨记事项　129

有益的会面模式：非暴力沟通　133

语言、非语言和次语言沟通　137

要点总结　141

08　在线谈判与在线会面　145

在线谈判的优点　159

在线谈判的挑战与弊端　161

结果　163

要点总结　164

09　谈判会面中的非认知技能　166

社交直觉与谈判　167

情绪与压力管理　169

要点总结　180

10　第 4 步：提出方案　185

提出方案的前提和条件　186

满足提出方案的前提后需要做什么　188

方案构建步骤　189

提出方案　200

打磨方案　204

敲定方案，达成协议　205

PART 4

第四部分
**提出方案与
执行协议**

终审　206
要点总结　207

11　第 5 步：执行协议　209
执行谈判决定　210
要点总结　213

12　关于性别与谈判技能的一些思考　217
谈判行为中的性别成见是否属实　218
性别受到的反作用　220
文化与种族对性别偏见的影响　222
我的想法与经验　223
要点总结　226

结　语　229
参考文献　235
附　录　239
致　谢　281

PART 5

第五部分
性别

引　言
为何选择本书

到头来，要是结果不尽如你愿，那就另辟蹊径吧。

（受爱因斯坦启发有感）

作为一名专业谈判者，我在过去二十多年里一直从事商业、政治和人道主义行动方面的谈判与合伙关系搭建。事实证明，我所应用的具体方法论和做法都非常成功。因此我策划并举办了研讨会，讨论如何谈判以及如何建立长期的合伙关系。在此过程中，我与参与者们分享了我研发的工具、我的谈判心态以及我的经验。即便在研讨会过去多年后，他们给我的反馈以及我在"真实示例"谈判中的记录都一次又一次地证明，这种特殊的谈判方法效果不错，它带来的伙伴关系、成果以及长期合作都令人喜出望外。之所以会有本书接下来的内容，正是因为这些参与者们一再请求我写一本书来解释我的谈判模式以及所用工具，附上真实的匿名案例，与更多人分享他们所学到的宝贵知识。我的客户背景各异，无论他们来自大学、技术和工程学院、生命科学研究机构、跨国公司、国际组织、非营利性组织，还是来自中小型企业，他们都鼓励我开启这场探险，写一本有益且实用的手册，讲述如何进行成功、长期且合乎道德的谈判，他们寄予的热情与信任则源源不断地为这个非常特别的写作项目注入生命力。为此，我深深地感谢他们。

我们生活的世界日益复杂、相互之间的联系日益紧密，独立公司和"孤岛"项目要么已经转型，要么罕见。我们需要联系和互动。我们需要在一个相互关联、相互作用的世界中运作，而在这个世界中，如果没有他人提供的技能、服务和产品，我们会寸步难行。我们还需要他人来制造、开发和销售我们的产品和服务。在相互作用的种种体系中，我们别无他选，只能在共事与协作中迈进，更别说要取得成功，少不了一个管理这些相互作用的体系。在我们的工作环境、个人状况与家庭背景下，我们都需要这样一个管理体系来展开协作和构建关系。管理人际关系的方法有几种，包括强加、说服、争论——这些将在本书中讲到。

这本手册将重点介绍另一种截然不同的管理方法——与我们需要交涉的对象共赴目标。其过程就是谈判，别出心裁的谈判。

我们谈判，是因为我们需要签订合同或者达成协议，就具体结果达成一致意见，建立合伙关系，管理项目，展开合作，或是解决家庭问题。我们愿意往谈判中投入时间、精力和金钱，归根结底是因为我们意识到自己无法实现目标，除非他人也参与其中：我们实际上需要"他人"。这种思路也许是本书与其他谈判类书籍不同的地方。本书介绍的谈判方法包含五步流程，附带种种实用工具，帮助你建立正确的谈判心态。如果我们、公司和家人为了达成协议而花费了大量时间和精力，但刚一转身或者不久之后协议就失效了，那么所有人花费的时间就统统付诸东流了。

　　本书立足于这样一个观点：谈判当然是为了得偿所愿，但过程并非独自奔赴。相反，谈判是以共同实现一方目标为出发点，去借助另一方的力量。谈判要充分利用另一方的欲望（也就是他们的目标），通过交流各种要素来帮助我们迈向自己的目标。所有牵涉方都对结果享有发言权，这是人际交互的根本原则——我们需要他人来推动并落实共同作出的决定。我们必须确保他们认同和承诺协议的执行。为了使所有利益相关方努力把答允的计划或伙伴关系落实，从而有力地展开协作，各方都需要在谈判过程、所得成果和协议执行中把所有人的利益与顾虑纳入考虑。认同是各方归属感的根本，反过来，认同会刺激各方拿出更多的热情和资源来履行协议。我们要在了解各方需求和意愿的基础上建立伙伴关系，并尽一切可能帮助所有人实现至少一部分需求和意愿，从而达成更稳固、更持久的协议。本书将引导读者学习如何实现可持续的伙伴关系和协作。

　　我接受过"以寻求解决办法为导向"的个人和团体沟通

培训，在多数工作中都受到这种方法的影响。本手册描述的谈判方法，与我的毕生所学以及我与不同团队和个人共同累积的工作经验有着诸多相似之处，例如：

◇两种方法都是放眼于最终结果来搭建的，即专注实现一方追求的目标（一方殷切憧憬的未来，或者你想象中的"奇迹"："如果我能随心所欲，我会做什么？""理想的伙伴关系是怎样的？"）。

◇两种方法都立足于希望、可能性、目标和途径。关键不是一方不想要什么，而是一方最想要什么，以及如何与其他利益相关方联手把收益最大化："如果当前形势不利于我，那么我期待作何改变？"

◇两种方法都注重构建理想状态或路径所需的元素，即部署谈判条件和必要的"小步骤"。

◇两种方法都强调成功的关键是创造力和想象力。

◇两种方法都要求具备高超的聆听和观察技巧。

◇两种方法都非常注重与我们交涉的一方。

◇自始至终关注能尽之事、已成之事或已定之事。

◇利益是所有相关方的动机，是谈判的根本。

因此我认为我的谈判模式可以称为"以寻找解决办法为导向的谈判"模式。

你会在本书中找到实用的方法和工具，更轻松地达成硕果累累、令人钦佩、受人尊重的协作。这种模式简单、直观且强大得不可思议。我二十多年的使用、尝试和检验结果表明，其优势在于以简单、合乎道德的方式与他人打交道，而前提是你视对方为不可或缺的伙伴，而非敌人。

谈判成功与否的最优指标是可持续性，换句话说，就是谈判产生的持续影响必须富有成效、公正公平，各方都能在协议中找到自己的全部或部分利益和需求。我们一生中的很大一部分时间都会花在谈判上——那么不妨试试这种谈判模式，看看它能帮到你多少。

还有一点需要说明：我使用"他"或"她"等性别代词是为了简化写作和阅读过程。读者对这些指代应理解为所有性别，一视同仁。

本书分为五个部分：

◇ **第一部分**涵盖了成功谈判的最佳心态、整体框架和先决条件。

◇ **第二部分**详细探讨了准备谈判的两个步骤——廓清背景和设定目标。

◇ **第三部分**专门探讨了与对方面对面的沟通，即第三个步骤——会面，以及在线谈判的相关问题。其中分享了几种实用的谈判工具、我对社交直觉的一些见解，以及有效管理社交关系和会面过程的重要性。此外，读者还能学到情绪管理和姿势管理等认知技能。

◇ **第四部分**讲述了谈判的最后两个步骤：提出方案和执行协议。

◇**第五部分**提出了关于性别的思考与影响因素，以及性别对谈判会面与成果的潜在作用。

最后，附录为各项步骤的实践提供一些简化的匿名实例。

第一部分
心态、过程与前提

01

心态

什么是谈判？一名合格且受人尊重的谈判者是什么样的？如何定义一场成功的谈判？

当你需要某人帮助你得到某物、想要或必须团结人们进行合作、需要解决某一冲突，或者需要他人帮助来达到预期结果时，可以采取几种策略。本章将从单边方法、双边方法到多边方法入手，逐一切入，探讨应对上述情况的不同策略，通过实例指出每种策略的优缺点，并着重探讨其中一种双边方法——谈判。

为什么人们往往抗拒单边方法？在使用双边方法时，我们应该如何看待对方？为什么在我们被倾听和考虑后，才能与对方加深交流？这些问题的答案也会在本章揭晓。

我们以什么心态看待对方极其重要。这种心态大致遵循纳尔逊·曼德拉（Nelson Mandela）提出的在谈判中立足的前提，也就是他在穷其一生的斗争中所指明的方向：想要与敌人和解，就要与敌人合作。这么一来，他们就成了我们的伙伴、我们的同事。言下之意就是把对手视为机会。能否构建上述心态，关乎我们能否成为一名优秀的、受人尊重的谈判者，这一点是有理有据的。认识到对手是助我们成事的最佳机会的提供者（伙伴），对双方的互动过程和谈判结果有着显著的影响。

与对方合作

要判断一场谈判是否成功，主要看它日后有何影响。人们往往将谈判视为一种斗争，一场象征性的摔跤比赛，这个过程中总有人得分、取胜、唱"红脸/黑脸"、挣扎、操纵，甚至伤害对方，破坏双方关系。这些战术不利于发展长期的合作关系。如果有另一种谈判方法呢？如果我们着重解决问题，以机会为导向，采取一种更为积极向上、相互尊重、令人愉快的方法呢？如果谈判本来就是你期待的一件事呢？

谈判是一门艺术，一门探索如何让各方如愿以偿的艺术，各方则在其中发掘适宜条件，从而既能答应对方的请求，又能确保自己的需求得到满足。

谈判失败的后果可大可小，大至和平协议最终被弃置、商业交易不了了之，这类例子在世界各地比比皆是。我们不妨考虑换一种模式。如果你确定自己需要对方来实现自己的目标，而且合作比单干更轻松，你会怎么想呢？如果你把对方当成搭档呢?

如果你已经明确知道,成功的关键在于你与对方的合作而非抗争,那么你的整体态度就会有所转变。

设想谈判是:

◇一个过程、一次讨论和一场合作,而非一场斗争或较量。

◇强调各个利益相关者的目标,从而帮助各方得到发展。

◇在相互坦诚、相互尊重的前提下,与对方构筑一段明确、简单且务实的关系。

应对利益冲突的不同策略

下面我们通过一个例子来示范面对利益冲突时最常见的行为,以及在什么情况下你需要通过某个人或者某些人来获得某样东西。

💡 **示例**

设想情况如下:委员会会议将在今晚紧急召开,处理某个重大项目的某些关键问题;你是该项目的经理。项目的主要赞助人要求你出席。这让你很为难,因为今晚你专门为你女儿的 18 岁生日安排了一场惊喜派对,意义重大,亲朋好友都会来捧场。你的协助、组织以及

存在对于这场派对而言很重要，因为近来你常在外工作，而且你已经答应女儿会陪她过生日。

你心意已决。即使工作重要，你还是决定出席女儿的生日派对，但不能影响今晚将与项目委员会以及赞助人讨论的项目进展。

那么你能做些什么？

当一个人想要的东西涉及他人，或者与他人存在冲突或利益时，他几乎自然而然就会采取一种或几种做法，我们可以把这些做法定义为：

◇说服

◇强加

◇威胁

◇开价

◇操纵

◇妥协和讲价

◇仲裁

◇提出解决办法和备选方案

◇放弃

说服

说服某人是指"令某人相信某事属实",源于拉丁词convincere,这个词又可拆解为con(从而)和vincer(征服),也就是在争论中取胜或落败。你使用对你而言可靠、重要的论点来说服对方改变主意、认同你的想法。你可能未必意识到,你在试图影响他们——"阻止他们做自己";与你不同的是,他们不能坚持自我,而是要变得跟你一样。

当你去说服某人时,你提出的东西于你而言很重要、很有价值;你提出论点,试图影响他人,为的是让他人重视你所重视的东西。

例如,如果卖家试图说服顾客相信他们的产品或服务最优、非常值得购买,多数顾客会如何反应?卖家越是论证自己的观点、越是坚持推销,顾客就越倾向于转身离去、拒绝购买,甚至抵触购买。这往往是人们面对胁迫或骚扰的反应,而非对所售产品兴趣不足。多数人都反感他人来教导自己应该如何感受、如何行动,在面对那些不是自己确信的理由时尤其如此。

> **说服的示例**
>
> "感谢您组织这次会议,但我今晚难以赴会。您也有家庭,我相信您能够理解。今天是我女儿的 18 岁生

日，您知道我的孩子对我有多重要。恳请您试着体谅我的处境，要是女儿今晚见不到我，她会难过，甚至会生气。我相信您理解这会令我和我的家人多么苦恼。如果我让家人们看到，我能在努力工作的同时，不缺席诸如生日会这样重要的时刻，那么我在项目进行期间的工作和私人生活都会轻松许多……"

强加

强加某事物（给某人）是指向对方简述你的决定，迫使对方不得不应对棘手或恼人的某种情况。"事情就应该这么办。"采取这种策略，你则是单向作出了决定并将其强加给对方，不管他们会怎么说、怎么想。你有没有被某人强加过他的决定？当时你有何感受？更重要的是，你如何反应？

💬 **强加的示例**

"感谢您的邀请，但我今晚无法出席会议。"

威胁

威胁是指逼迫对方："要是你不这么做（即要是你不答应），某种情况就会发生。"换言之，如果事情不合你意，某些负面后果就会出现。

📧 **威胁的示例**

"如果我今晚缺席我女儿的生日会，我的家人会非常难过，而且我的工作效率可能会受到影响……"

开价

开价换取对方的应允，是指开出价码让对方答应你的要求（"如果你答应，你就会得到某样东西作为交换"）。

📧 **开价的示例**

"如果您让我今晚参加我女儿的生日会，那么我愿意这个周末来加班，而且在项目的剩余时间里我的家人都会予以支持。"

操纵

操纵相当于尝试控制对方，或使对方在无意识的情况下作出改变，这种做法意在掩饰，而且大概率是悲观的。若非如此，你会直截了当地提出论点，而你的论点也会因此变得"更具说服力"。一个人想方设法地操纵对方，往往是因为他认为，明示得不到对方的同意。

> 📖 **操纵的示例**
>
> "也许您已经从您爱人那里听说了，今晚是我女儿的生日会。如果我今晚不在家，恐怕我的爱人会很失望。我的家人如何，您是知道的。我无法想象他们下次见到您的爱人时会说些什么。"

妥协和讲价

争论或妥协是指你有所付出，对方也有所付出："两个人或两群人之间达成协议，其中每一方都放弃部分自己想要的东西"。通过这种做法，每一方都有所收获，但都没能如愿以偿。比起提醒自己得到了哪些，各方更倾向于在意自己失去了哪些。妥协的本质意味着割让，假设某事物可以分割，无法令各方皆大欢喜……谈判者选择妥协，往往是因为没有发挥创造性。

虽然妥协有时能够让你悬崖勒马，又或是唯一的救命稻草，例如在应对某些政治冲突和离婚纠纷时。但妥协的风险很高，伴随而来的挫败感可能会阻碍妥协事项的执行。约翰·文森特·加尔通（Johan Vincent Galtung）是挪威社会学家兼和平与冲突研究学科的主创人，他指出妥协的真相往往与人们的普遍观点相反，妥协是各方对某种结果达成的共识，这个结果无法满足任何一方，冲突仍然存在但没有爆发，是因为矛盾已经没有那么尖锐。

💬 **妥协和讲价的示例**

"我在 18:30 至 20:00 期间参会，此后离开如何？不行？……好吧，那我可以到 20:30 再离开……"（这种情况大概率让老板、女儿和你本人都不悦）。

仲裁

简而言之，仲裁是指让局外人解决争端或分歧的过程。严格来说，仲裁人是被授予决定权且中立的第三方。仲裁人通常需要在两个选项或两个当事方之间作出选择，每个选项或当事方的胜出概率均为 50%。

而如果你要求局内人（即非中立的人）担任仲裁人，那么你达成理想结果的可能性会大幅降低。问对方"你怎么看？我该怎么做？"这种策略，目的往往是让提问者减少愧疚感，而且答案往往遵循某些说服性的积极观点，让对方相信自己对你已经做好的决定享有发言权。

仲裁可能得出三种结果：

1. 对方给出你期待的答案，那么一切顺利，不过这可能给对方造成一定程度的挫败感，需要注意。

2. 对方没有给出你期待的答案，而你尊重对方的决定，这种情况才算是仲裁，才算是你已经切实允许他人代为决定。

3. 对方没有给出你期待的答案，而你不接受对方的决定，这种情况不算是仲裁，而是一种操纵策略。而且，你让对方感到他们享有的发言权不实，可能给对方造成严重的挫败感，就像是"我请你作出一个实际上我已经作出的决定"（见示例）。

有没有人曾经询问了你的意见，却忽视了你的回答？如果有，当时你有何感受？下次这个人再询问你的意见时，你是如何回答的？

📧 **仲裁的示例**

"我很为难——我很高兴您尽心尽力地组织了今晚的会议，但我得参加我女儿的 18 岁生日晚会，这对我来说非常重要。一边是我负责的项目和与之相关的会议，另一边是我的家庭责任和女儿的生日。我该如何是好？您觉得呢？"

提出解决办法和备选方案

面对问题时，你会思考各种潜在的解决办法或备选方案，然后向对方提出："我有个问题，但我找到了解决办法。"你提出的解决办法通常最适用于你和你的问题，你希望对方会同意。如果对方不同意，那么事态较有可能以螺旋式发展：你不断引入新的想法，希望其中一个想法能在某种情况下让对方改变计划或主意来配合你。这种做法可能行得通，但也可能让对方感到自己没有发言权，只能同意你的某个想法。

📖 **提出解决办法的示例**

"今晚我有事。我们能否把会议推迟到明早？或者，我让同事代替我参会？"

放弃

放弃是指你让对方随心所欲，你只管顺从。虽然这种做法可能出于诚信和善意，但要谨防陷入"毕竟我为你做了这些"的潜意识，产生长期的怨念和追责（"你欠我一个人情"）的心态，令自身感到恼怒。

📖 **放弃的示例**

"行，我会出席会议（并放弃参加女儿的生日会）。"

以上所有策略都行得通，都会产生结果，并且都具有三种特征：

1. 这些策略均为单边交涉，即它们只有一个视角——你的视角。任何单边方法都只从一方出发，向另一方传达信息：重点在于你想要什么，只管什么对你来说重要，而不顾及他人。你的观点、需求和愿望才是主旨。当面对这类行为时，人们通常感到自己被忽视、无足轻重，其多数反应有两种：要么没有存在感，即放弃和答应；要么表现得有存在感，即坚持和否决，甚至破坏谈判乃至双方关系。

2. 这些策略有意或无意地将对方当作问题来对待。换言之，如果老板今晚没有召集会议，你就会满心欢喜地期待女儿的生日会；如果生日会安排在周末而非今晚，一切就刚刚好，你也就不必纠结是否参会。正是由于他人，你才不能做想做之事，又避免产生负面后果，因此你试图说服对方做出改变，强加你的观点，尝试与对方达成折中的协议，甚至不惜通过暗箱操作来解决问题。

3. 你需要通过对方来获得想要的东西。事实上，你需要通过老板来实现理想的结果：参加女儿的生日会，并且不给你的项目造成负面后果。一旦你意识到自己需要对方，他们就变成了机会，恰逢其时的最佳机会。此时，整个过程就变成了双边交涉；如果存在多个利益相关方，那么整个过程就变成了多边交涉。你去理解和考虑各方的利益，才算进入真正的互动，这个过程才能叫作"谈判"（图1.1）。

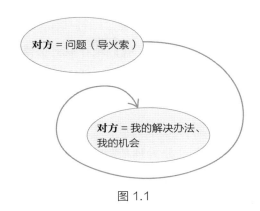

图 1.1

谈判

> 📧 **谈判的示例**
>
> "今天是我女儿的 18 岁生日，我特地为她办了一场生日会，我真的很想参加。我该怎么做，才能避免项目因我今晚的缺席而受到影响？"

当各方都在交涉过程中享有参与的空间，谈判就开始了。发掘能让你如愿以偿的条件，便是谈判的出发点。尽管谈判不像魔法棒那么神奇，但它是确保各方意愿和需求都被纳入考虑的唯一方法。谈判与仲裁的区别在于，你并非请对方来作决定，而是了解对方需要什么条件来答应你的诉求。

就以上示例而言，老板可能会回答"没问题，那就派一名同事来替你参会"，或者"我们现在就开会准备好你参会的工作，然后由我来解释你的方案和想法。"他也可能会说："不行，抱歉。你必须出席。"在这种情况下，你就需要尝试一种较为单边的交涉了。

谈判是一个选择，是处理某些情况和互动的众多方式之一。谈判是选择让对方参与这个处理过程。有时你可能会选择说服他人，如游说；有时你可能需要强加观点，如实施安全标准；有时你可能不得不提供特定的解决办法，如信息技术工程师修复技术漏洞。但无论任何时候，当你需要良好的工作关系来落实协议时，应该首先尝试谈判。由于谈判考虑了各方的需求、意愿和观点，并且予以配合而非与之对抗，因此谈判才会得到尊重，才能成为确保长期成果与合作的唯一途径。

如果对方拒绝你的请求，你未能开启谈判，那么你不妨再使用上述任何一种策略，但要记得每种策略所达到的结果各不相同。

你如何考虑和对待他人，会在很大程度上影响他人对你的反应。将对方视为伙伴和机会而非问题或障碍，才能最大化你的利益。出于诸多原因，你应该明白这些人是你达成目的的最佳机会。无论手头上的问题是什么，你都是出于需要他们才会与他们交涉。能否认识到这一点关乎你的行为、姿势、态度和沟通风格，而这些都会进而影响对方的反应。正如曼德拉所言：待人以诚信与荣耀，往往也会收获诚信与荣耀（图 1.2）。

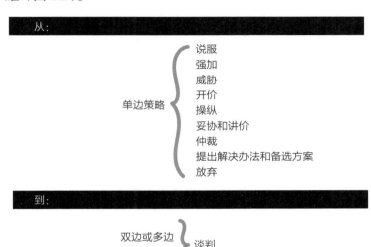

图 1.2 我想参加女儿的生日会，并且不影响工作

所以，与其说谈判就像下棋打败对方，不如说谈判是与对方共同完成一块拼图。谈判是一方通过双边或多边交涉来得偿所愿，并非不顾对方，而是与对方联手。各方一同详谈各自的问题和条件，理应能让每一方通过动态交流而接近各自所愿，因为各方会尝试通过自身条件来满足对方。时刻牢记对方是一个机会，他们的愿望和需求是一股正向驱动力，这种心态会从根本上影响你将要进行的谈判，以及谈成的协议的落实或执行。

要点总结

▷谈判是发掘特定条件来得偿所愿的过程，是一场双边交涉，将落实结果所需要或牵涉的各方纳入考虑，需要各方共同发挥创造力并建立伙伴关系。

▷对方从来都代表着一次合作机会，因为你需要与他们达成一项协议，需要他们尊重这项协议，从而参与和投入其中。

▷在整个过程中，每一方都必须考虑各方的详细需求和顾虑。

▷达成并落实一项持久协议的谈判，才算是成功的谈判。换言之，判断谈判是否成功的主要标准是谈判内容是否切实得到了尊重。

02

五步流程

特征与关注点

本章讲述谈判流程所包含的五个步骤。系统地拆解过程有助于了解并构建谈判，并在如何采取一种明确的方法和使用某些特定的工具方面，为谈判者提供实用见解。

本章还将探讨谈判的特征，这些内容还将在第 3 章继续探讨。进入谈判后，你的主要关注点会随着你所进行的步骤而变化。首先，选择关注什么——是关注你自己还是对方。我们将通过示例来说明，为何应该避免下意识的反应，以及面对突然的请求或建议时，最合适的反应是什么。其次，谈判是一个迭代过程，也理应成为一个迭代过程。通过阅读本书你会了解，为何成功往往需要经过几轮谈判，有时还十分考验耐心。

五个步骤及其关注点

谈判流程跨越多个阶段，每个阶段的关注点各不相同。根据本手册的方法，谈判分为以下五个步骤（图 2.1）。

第 1 步：分析背景
第 2 步：分析目标
第 3 步：会面——面对面谈判
第 4 步：提出方案
第 5 步：执行协议

图 2.1　谈判的五个步骤

这五个步骤会在第 4 章至第 11 章详述。它们先后构成建设性的谈判流程。要成功进行这五个步骤（图 2.2），需要具备关注点和谈判开启方面的特定前提。这些前提与谈判的第2步和第4步相关，说明如下。

	关注什么？
步骤	**前提和焦点**
第1步：分析背景	关注事实和自己
第2步：分析目标	关注自己——待在"自我意识"里
第3步：会面	关注对方
第4步：提出方案	通过对方的观点和反应来关注自己
第5步：执行协议	通过对方的观点和反应来关注自己

图 2.2 　五个步骤的主要焦点

分析目标时：在"自我意识"里关注自己

你在分析目标步骤（第2步，见第5章）中分析目标时，需要把自己锁定在"自我意识"里。这就要求你完全关注你自身或你的问题，包括你的项目、组织、客户、家庭……切勿留空间去思考对方及其意愿。因为一旦你去考虑对方，你就会倾向于降低目标（自说自话，说服自己相信"他们绝不会答应，他们不会同意""这不可能"等）。

在这个阶段，你无论如何都要避免产生认知与情感上的同理心。不可思议的是，多数人普遍会假设"对方不会让我如愿以偿。对方的存在就是为了给我添堵、令我烦恼"。因此，你准备谈判的关键在于摒除关于对方的思考，只关注你和你的目标，并用上一个强大的工具，这个工具我们会在第5章讲到。

整个过程中，你的出发点其实始终是自己。你的准备完全聚焦在你自己和你希望实现的最好情况。这个出发点可以是"如果我有一根魔法棒……"或者"如果我能随心所欲……"。

会面时：关注对方

当你在会面步骤（第3步，第6章）中直面对方时，无论是亲临现场还是通过虚拟视频进行沟通，你都要把注意力完全集中于他人，即对方。在会面过程中，你不再像准备时那样以自我为中心；现在你要完全关注对方，思考他们想要什么，对他们而言重要的是什么、有价值的是什么，他们的问题是什么，以及他们在顾虑和担忧什么。你已经提前专注思考过自己，从而更容易专注思考对方，因为你已经明确自己想要什么，不太可能或者根本不可能受到对方的影响。你从明确的出发点——你自身，去接近对方。此外，如果你先考虑自己，再考虑对方，那么要把对方视为机会、促成者，就容易多了。

提出方案时：再次关注自己，但这次要从对方的视角出发

构建方案（第4步，第10章）时，你的注意力重新回到自己身上，但这一次是"从对方的视角出发"，即根据对方对你的意愿和话语有何反应（对方有没有说"行""不行""可能吧"……），来关注你的目标。

避免下意识的反应

面对他人提出的要求，无论如何都应该避免回答"行""不行""可能吧"，或者表现出相应的态度。你可不想给出一个自己可能会后悔的答案，或者错过提出换取你答应对方条件或建议的机会。

这种以解决办法为焦点的谈判模式认为，首先要理睬请求（"您的建议我知道了，我之后会回复您，谢谢"）和推迟直接反应或快速反应。然后，你需要返回"上一层"，进入你的"自我意识"，问自己：你想从这个请求或方案中得到什么，如何才能把它转变为机会？这个结果真的是你想要的

吗？如果是，这个结果要在哪些条件下才能实现？

　　换言之，把自己锚定在"自我意识"里能确保你在接受或承诺任何事物前深思熟虑，确保你不会下意识说出"行"或"不行"，并让你思考哪些条件能助你达成一桩优质的交易。你不直接做出反应，其实会令对方更有可能在某些条件下接受你的方案。

💡 示例

　　你是团队领导，蒂娜（Tina）是团队中的软件开发者。她问你她能否学习某个项目管理课程。

　　下意识的反应："在事先了解过课程信息的情况下，接受或拒绝她的请求。"

　　回应她的请求："我会考虑你的请求，最晚在下周答复你。"

　　在"自我意识"里分析目标：

　　1. 我真的希望团队的个别成员学习项目管理课程吗？

　　2. 如果答案是肯定的，我是否希望这是一门包含证书考试的认证课程？

　　3. 我希望团队采取哪种特定的项目管理方法？

　　4. 这种项目管理方法会对团队的其他成员有用吗？

　　5. 我希望向团队演示吗？

---

6. 我希望蒂娜学习这门课程，还是说，我认为弗兰克（Frank）才是最适合的人选？

7. 对我即将启动的某个项目而言，蒂娜能否担任项目经理？

8. 我希望蒂娜什么时候完成这门课程，并且拿到证书？

9. 我是否希望蒂娜在上课期间也要确保完成工作，即在必要时加班？

10.……

你回到"自我意识"里反思后，便能够以另一种方式与同事交涉，从而改变交涉动态。此时，你并非单纯地答应或拒绝她的请求，而是打算在你能接受的条件下给予她想要的东西。换言之，你会评估什么条件值得你答应。

那么下次见到蒂娜的时候，你的回答可能是：

"你可以学习这门项目管理课程（你的同事如愿以偿），而且我希望你为同事们写一份管理总结（因为我和整个团队会从中受益）。另外，我想让你负责六个月后启动的项目。最后，希望你对我们公司所用的各种项目管理方法进行对比研究。"

在蒂娜答应这些条件时，你才会答应她的请求。

　　问问自己在哪些条件下愿意答应对方，什么能让你同意对方的请求，往往能带来收益。换言之，谈判者应该避免直接回答"行"或"不行"，而是始终首先寻求自己愿意答应的条件。直接答应往往会让人感觉"我欠你人情"，而交换条件往往会达成更平衡的协议（图 2.3）。在任何情况下，都要寻找机会！

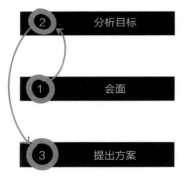

1. 起因是某人提出了一个请求。不要直接回答……

2. ……回应对方的请求，返回"上一层"，进入"自我意识"，问问你自己什么条件能让你考虑答应对方的请求。

3. 提出你答应的条件（或拒绝）。

图 2.3　示例：你收到一个请求

谈判是一个迭代过程

　　谈判不是一个线性过程。一次性走完所有流程，包括进入会议、聆听、提问、了解、构建方案，然后签订合同，这样的可能性微乎其微。即便你做好了充分准备，稍微复杂一点的谈判都会产生你意料之外的新信息，让你面对难以预见的问题和策略。

　　谈判是一个迭代过程，多轮谈判是常态，政治和经贸方面的谈判尤其如此。谈判需要反复互动。

首先，认真筹划你想要什么（你的目标），然后你会历经一次或数次会面，在这期间你肯定会增添元素（条件），并得知相关信息。经过数次会面，只有在收到或提供所有必要信息后，你才能提出第一个方案，然后对该方案进行讨论和改进。耐心对谈判而言非常有用。你有耐心，意味着你投入太快或感到（过度）兴奋的风险更低。耐心让你和对方拥有思考的时间，让你拥有发现某些元素或新信息的空间。追逼结果可以理解为急于达成协议，而且可能致使你增加投入。

迭代的谈判过程其实减少了立即或快速给出结果的压力。你在直面对方时（会面步骤期间），没有作出任何承诺，而是处于共享信息的模式。你是否逼迫对方或给对方施压，实际上会体现在你的行为、沟通、措辞和态度中，从而影响对方的反应。建立信任的最好办法，是随着时间的推移，通过正式和非正式的会议和讨论来推进。值得谨记的是，会议成果很大程度上取决于你的态度、姿势和沟通风格。会面往往不那么具有挑战性、没那么使人畏惧，双方的话语更显创造力、灵活性和开放性（图2.4）。关于这点，详见会面步骤（第6章）。

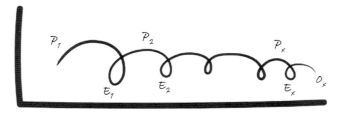

持续时间

1. 规划第一份路线图
2. 进行第一次会面
3. 补充路线图
4. 进行第二次会面
5. 提出第一个方案并讨论
6. 提出第二个可能行得通的方案
7. 以此类推，直至敲定协议

图 2.4　迭代过程

要点总结

▷谈判流程可以分为五个步骤。每个步骤都有各自的关注点和工具。总体心态始终不变：将对方看作你的机会，理应被当作机会来看待。

▷谈判是一个迭代过程。这意味着耐心不可或缺，规划需要充足的时间。建议始终规划好谈判，为数轮会面预留充足的时间。

▷过程中的每一步都需要保持不同的关注点。在准备步骤（分析目标）中，关注自己的目标，把自己锁定在"自我意识"里。

▷ 在会面步骤中，关注对方，发掘对方想要什么。

▷ 在提议步骤中，重新关注自己，但这一次要考虑对方的需求，以及他们对你的需求和要求有何反应。

03

——

前提和目标定位（联动工具）

一方决定自己想要谈判还不够，开启谈判需要满足几个条件。本章首先探讨进入谈判的四个前提，以及"利益"的重要性。能否谈成持久、成功的协议或合作伙伴关系，关键在于利益，哪怕各方利益不同。换言之，没有利益就谈不成持久的协议。

然后我们来说说联动工具。这个工具用来定位一方的目标，明确什么可谈、什么不可谈，了解一方的（固有和非固有）动机，确定一方的立足点——在这个立足点之外，则是你留给对方的谈判空间。理清思路并了解情况能帮助你构建想法，为你打下更坚实的谈判基础，让你以正确的心态接触对方。

往后我们会在探讨谈判时讲到动机，以及动机、韧性和信心之间的关联。你如何设定目标，对之后你能否达成目标发挥着重要作用。为何以鼓舞性、积极性的措辞陈述目标如此重要？在本章中我们将列出部分原因，例如，目标设定与大脑运作之间看起来明显相关。

前提

谈判的发生需要四个前提（图3.1）。

1. 意愿：第一个前提是进行谈判的意愿。谈判是一个选项，可能并不适用于所有情况。有时你可能希望去强加观点（例如，每天刷牙等特定的居家行为，制定工厂的安全措施，设立团队目标……）、说服对方（就自然保护项目、政治问题等进行游说），或提出解决办法（来处理信息技术问题等）——见第1章。

2. 机会（即可能性）：第二个前提是，你的谈判意愿必须与对方的参与意愿匹配。对方的意愿不可或缺。你可能需要时间来帮助对方发现他们可能拥有哪些利益，以及在他们欠考虑的情况下，帮助他们发现可能得出的积极结果。然而，如果你面对的人根本不想谈判，那么你也无能为力。此时，当（如果）情况发生变化、谈判的可能性提高时，最好不要立马开始谈判，而是把谈判推迟。

图3.1　发生谈判的四个前提

3. 创造力：第三个前提是发现尚不存在事物，思考新的不同选择，设想条件，创造和实现交换，对可能行得通的新方案和新想法持开放态度。

4. 灵活性：除了创造力，你还需要灵活性，两者不可分割。只有凭借灵活性，你才能通过交换过程有所收获。你要愿意舍弃 A 来换取 B。没有灵活性就不存在交换。此外，固执成见可能会助长你的阻挠心理，形成无法调和的局面，妨碍整个谈判过程。

最后一点最重要——维持双方进行谈判的是利益（图3.2）。对利益的关注贯穿五个步骤。

牵涉方不需要拥有相同利益，但各方都需要在某种情况下含蓄或明确地考虑自己的利益。可惜人们往往倾向于期待或希望对方与自己拥有共同利益，这就会导致一方开始争论与说服。

图3.2　维系整个过程的纽带

> 💡 **示例**
>
> 　　设想你参加了一个项目，要在一个大城镇的所有公园分发和安装垃圾箱。当你遇到当地官员时，如果他

们已经意识到乱扔垃圾的问题，并且对你这个帮助净化城市的项目有兴趣，你的工作进行起来就容易许多。然后，你便可以集中精力开始工作。然而，如果他们对乱扔垃圾的问题或净化市容的需求都无意识或没兴趣，那么你很可能需要开始论述事实，试图找到令人信服的论点并加以说服，而非讨论对方愿意在什么条件下支持项目。

这么做的风险在于，各方会辩论对一方而言最重要的是什么，有可能在这个过程中迷失方向，忽视最终结果。如果其中一方不愿意就某个意见或某种价值进行谈判，那么情况往往会非常个人化。换言之，如果你讨论（最好的情况）或论证（最坏的情况）为何你可能想要或需要某事物、试图说服对方相信你的利益更重要，效果可能会适得其反。

即便对方没有表明其利益所在，你也要花费精力试着把它们找出来，或者至少确保考虑对方的利益。在以上示例中，人们可能会担忧老鼠泛滥成灾，城镇清洁预算紧缺，邋遢的市容无法吸引到旅客……

如果对方不知道或不确定自己想要什么，那么（帮助他们）找到答案就需要更多时间、更巧妙的沟通技能。而如果对方对你和你想讨论的东西不感兴趣，那就别浪费时间了——这并不代表你的谈判能力不行，只是推进谈判的利益不足。在这种情况下，你可能需要加把劲，找出其中的利益，并提供更多信息（见第4章）。

💡 **示例**

弗雷德（Fred）在一个私营自然保护组织工作，他正在为一个大型项目筹款，用来修建自然保护区和拯救濒危物种。弗雷德向一家大型跨国公司募集资金。该公司的主要利益在于享受免税权，打造良好市容和推广营销材料。项目主题对于他们而言其实不太重要，或者根本不重要。如果弗雷德花时间尝试说服该公司相信保护濒危物种很重要，他很可能就没有机会听到对方的需求、找出对他们而言重要的事物，以及他们愿意投入资金并建立合作关系的条件。例如：如果贵公司愿意资助，我们可以让你们在年报中使用我们的形象，而且通过这笔慈善捐助，你们还能享受税费优惠。

各方无须拥有共同利益，但利益是成功的关键，把利益贯穿谈判的始末，谈成的协议才能真正被尊重和落实。在谈判后期，如果利益的重要性被淡化，那么各方大概率会退出谈判，或者难以对行动计划投入大量精力。

制定和明确目标的重要性

不明确谈判的目标，就看不到前进的方向。人们在谈判中常犯的最大错误是搞不清楚自己想要什么。为何这一点如此重要？你应该如何准备谈判？

《芝加哥布斯评论》（*Chicago Booth Review*）发表过一篇文章《你的目标怎么了？》（*What Happened to Your Goals?*），其中关于行为科学的研究成果表明，人们如果能更准确地概念化目标，就能把事情做得更好。马杜尔琳娜·罗伊·乔杜里（Madhuleena Roy Chowdhury）在她的文章《目标设定中的科学和心理学 101》（*The Science and Psychology of Goal-setting 101*）中指出，研究目标设定学的神经学家已经证明，大脑无法区分真正的现实和想象的现实。因此当你给自己描绘理想目标、清晰地具象化这个目标时，你的大脑就会开始相信它是真实的，最终会开始驱使你采取行动并发挥创造力。

也就是说，你必须清楚描绘你（认为自己）想要什么，将其置于更广阔的背景下，确定自己为何想要这些，并思考哪些可谈、哪些不可谈。那么下面的联动工具可能就非常有用了。先从一个大致目标或想法入手，再以更准确的术语来调整和详述。

"目标需要自我强加的观念和乐观的心态，这样人们才能调动自己的积极性……他们可能达不到这个目标，但乐观的目标仍然比悲观的目标让人更有干劲。"我们将在第 5 章讲述定义目标的规则，例如，不应该使用否定式来描述目标（"我不想……"）。目标设定是激发动机和动力的必要工具。研究已经表明，目标设定与成功之间关系紧密。确定你想实现什么往往是一大挑战，而且经常被忽视，但这件事是谈判的根本，会影响整个谈判过程及其结果。如何在目标主题、动机和战略方面构建想法？下一节所述的工具将为你提供一些见解。

明确"是什么"和"为什么"：借助联动工具来确定目标

你大致确定自己想要实现的事物后，就需要进一步思考如何定位目标。这时候，联动工具（图 3.3）就派上用场了。

联动工具可以帮助你明确立场，但不要与对方分享这个工具。

如何使用联动工具

首先，在沙漏中间写下你想要实现的事物、你的目标或者你的方向。你绝不是要谈判自己想要的东西，而是要谈判让你得到这些东西的条件。

其次，问问自己为什么想要这些，把答案写在沙漏的

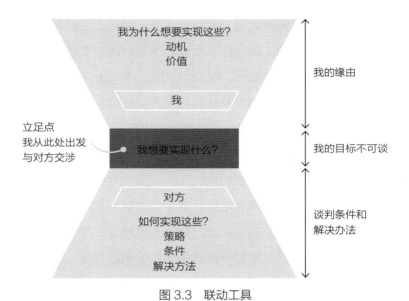

立足点
我从此处出发
与对方交涉

我为什么想要实现这些?
动机
价值

我的缘由

我

我想要实现什么?

我的目标不可谈

对方

如何实现这些?
策略
条件
解决方法

谈判条件和
解决办法

图 3.3 联动工具

上部。这代表了你的价值观、于你而言重要的事物、你的动机、你想要得到它们的原因,无论它们多么个人化。这个工具之所以做成漏斗的形状,是因为理论上随着你的动机越来越个人化、数量越来越多,它会变得越来越宽。你要尽可能翔实地填写这个沙漏。

在某些情况下,你的组织、老板或者委员会可能已经为你设定好目标。在这种情况下,理解目标、为自己寻找机会同样重要,可以增强你的投入、韧性和创造力,提高成功的可能性。你的动机(即"为什么")未必要与对方相同,记住这点,你就不会陷入说服别人的想法中而不能自拔:于你而言重要、有意义的事物,于对方而言可能并非如此。谈论你

043

的动机会使讨论发展成辩论的风险上升，消耗大量时间，并导致你偏离谈判的实际目标。要成功关联你想要的结果，你必须清楚地理解"是什么"和"为什么"。你希望实现目标的缘由越多，目标实现的可能性就越大。动机孕育着韧性与成功。你的缘由是不可谈的，它们是个人化的，而且仅属于你。

最后，问问自己如何实现这些，把答案写在沙漏的下部。"如何实现"代表你为追求目标而选择的可能行得通的解决办法、条件或策略。记住，这个"如何实现"需要你在谈判中与对方共同打造。因此，你认为可行的手段和解决办法是可谈的，你可以和对方讨论并纳入他们的想法。可行的解决办法多无止境，因此沙漏的下部会变得越来越宽。所有这些战略和条件都是可谈的。

关于动机的一些看法

你越能想清楚是什么激励你实现这个目标，你就会越坚定、越有韧性。明确动机和树立信念会反过来带动你的行为、肢体语言、态度和沟通风格。

你可以问自己几个问题（特别是在你的目标由他人设定的情况下）：

◇这个目标背后的缘由是什么？

◇这个目标能带来什么价值、收益和机会？

◇这个目标可能对你和他人产生什么影响？

◇达到目标后，你的生活会有何改变或改善？

固有动机——为了事情本身而做这件事，和非固有动机——为了外在奖励而做这件事，两者之间有所区别。能否明确你希望实现目标的缘由会影响你对目标的实现程度。费什巴赫（Fishbach）和伍利（Woolley）在文章《你的目标怎么了？》（*what happened to your goals*）中谈到了他们对设定目标、明确动机和取得成功的研究。其研究成果表明，固有动机是预测目标能否在未来实现的强大因子，应该要正确驾驭动机。因此，你要意识到所有促使你选择目标的因素，并认可它们。

乔治·威尔逊（George Wilson）研究了以价值为中心的目标设定和行动规划，其研究成果表明在设定目标时，关注价值会提高目标实现的可能性。由此可见，价值能够发挥的激励作用很强大。

目标的价值、重要性和影响越大，你在追求目标的策略选择上就会越专注，也会越关注任何引导你朝着正确方向迈进的机会或线索。那些取得成果的人拥有很强的成事动机以及克服挑战和设法突围的强大韧性和乐观精神。下面是一个使用联动工具的示例，是一个关于一群大学生在校园里装配食品货车的项目。

💡 **示例**

你的任务是在大学里装配一辆食品货车。你最初认

为重点在于你的成绩，所以你才必须完成这项任务，仅此而已。然后你开始深入思考，装配这辆食品货车的项目还能带给你什么好处、什么机会？

例如：

◇装配完成后，你需要与学生和教授沟通，那么你可能就会接触到大学里的通信部、人事部或餐饮部。

◇你一直对营销和通信有兴趣，希望将来到这个领域实习，那么你拓展的人脉和食品货车的营销经验就有可能派上很大用场。

◇你会接触到许多拥有专业人才和技术网络的高管。

◇为了确保符合卫生安全要求并拿到所有必要证件，你将不得不和地方当局交涉。

◇你需要在读大学的最后一年里参加几次实习，而结识当地的一些政要可能有助于你积累经验和人脉。

◇你学习的另一门课程是项目管理，也许你可以通过这个食品货车的项目来测试一个新工具，等等。

记得思考机会！

动机是个人化的：你做出选择的动机（如果有的话），

是你将要分享和沟通的东西（图3.4）。你要仔细思考这一点：你说的话会自始至终地影响对方如何看待你，影响对方的期望。你想承担因自己想要某事物而产生冲突，或者因你的动机是否正当而展开辩论的风险吗？又或者，你是否确定对方对某个主题很敏感，因此认为提及某个特定原因反而更具战略性？甚至，你也可以对你的动机只字不提。

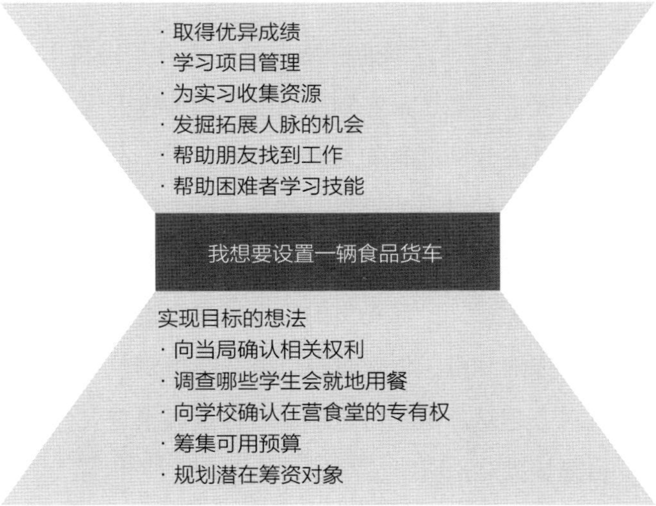

· 取得优异成绩
· 学习项目管理
· 为实习收集资源
· 发掘拓展人脉的机会
· 帮助朋友找到工作
· 帮助困难者学习技能

我想要设置一辆食品货车

实现目标的想法
· 向当局确认相关权利
· 调查哪些学生会就地用餐
· 向学校确认在营食堂的专有权
· 筹集可用预算
· 规划潜在筹资对象

图 3.4　我为什么想要这些

💡 **示例**

赫尔穆特（Helmut）正在为癌症研究领域的一个项目筹款，并且已经联系了参与资助大型医学研究项目的拯救生命基金会。

赫尔穆特感觉这个项目和该基金会的宗旨一致，因此会提到他的"上一层关注点"，即他联系该基金会的首要原因：他正在筹款的项目可能会带来乳腺癌检测领域的前沿发现。而如果赫尔穆特要与一家私人银行交涉，他可能会（出于营销目的）选择谈论更多关于该研究的知名度，从而提供可能引起对方兴趣的信息。

你不一定要与对方沟通沙漏上部的内容（动机），实际上在多数情况下，甚至最好别这么做。因为你的缘由只属于你个人，与对方分享可能既无趣又无用。

◇你越是分享缘由的思路，就越有可能陷入用自己的论点说服对方的困境。你的缘由可能对对方来说无法理解或毫无意义。你提出的论据越多，对方就越有可能反对你的缘由，你也越有可能开始争辩孰是孰非。而且对方越是意识到讨论对象对你而言很重要，就越有可能抬高"价码"。

◇你们不一定要先对"为什么"达成协议，再去认同"是什么"。

◇你越想说服对方，你说的话就越多。你说的话越多，对方能说的话就越少，你能听到并得知于对方而言有价值的内容就越少，而你正好需要了解这些内容，才能与对方进行交换。

因此，你需要将你的动机、价值观（不可谈）与你的策略（可谈）明确区分开来；还要记得，你的目标同样不可谈。明确以上三点内容会强化你的信心、韧性与沟通能力。

立足点：目标

在联动工具（图 3.3）中，你的目标位于分析沙漏的中心，上下两个漏斗之间。定位目标是谈判的根本，这是你将要传达给对方的内容。目标定得太高，你就会去谈论你的动机和价值观；目标定得太低，你就会去谈论你的解决办法和（你设想目标如何实现的）条件。时刻记得多次返回"上一层"来检验你的目标，问问自己"我为什么想要这些"，并诚实地回答。思考目标背后的意图也很有帮助。我们将在第5章讲到更多关于目标设定的内容。

你的目标就是你的立足点：你留出这个立足点之外的空间，给对方提出解决办法，向他们提出如何实现目标的建议，让他们对你的想法作出反应。你对对方持开放态度，意味着在你的立足点之外，对方对如何行事拥有一定的话语权和影响力——即便最终决定权在你。你始终可以说"不"。

有能力专注于最终结果（或以解决办法为焦点）的人在回到"是什么"这一层后，能够把他们希望为自己、为项目和为组织获取的东西具象化。目标明确的人更容易实现目标。没有目标，就没有动力。将目标化为清晰的愿景便于你朝着它迈进，因为在你听取他人意见、设法接近你想要的事物时，目标会引导你的行动、影响你的创造力。

是否明确具体目标、是否因此而集中注意力并产生动力且看清方向，正是成功谈判者与苦苦挣扎者之间的区别。职业教练斯蒂芬·格里本（Stephen Gribben）写到关于动机、目标设定和领导者的文章时指出：

> 在行事过程中，设定目标的人的积极性和目的感与其他人有明显区别。目标明确的个人和团队会在每次挑战中致力于实现目标，创造机会来获得理想成果。而那些没有设定目标的人只能像浮萍一样漂泊，期望自己终将到达更好的地方。

近年来，神经科学研究一直在关注目标设定与大脑之间的联系。正如乔杜里所述，加拉诺特（Granot）等人发现目标设定会提高人的收缩压，从而转化为行动。阿尔弗雷斯（Alverez）和埃默里（Emory）则指出，大脑中的网状激活系统（RAS）在目标设定上起到关键作用。RAS在激活时做的其中一件事，就是过滤你从环境中接收到的信息，只输入在这个特定时刻你所关注的相关信息。因此，RAS的激活有助于你把注意力集中在与你所设定的目标相关的信息上。

如前所述，RAS对目标设定发挥着两种作用：第一，简单地写下目标行为；第二，把它具象化。目标设定离不开想象力。伯克曼（Berkman）和利伯曼（Lieberman）报告称，能够把目标具象化的人，其大脑激活水平更高。反复设想成功，反复提醒自己目标是什么，从而保持 RAS 稳定激活大脑，促进目标有效地设定。因此，我们不妨和自己约个会，留出一些特殊时间来想清楚自己要实现什么目标。

充分使用联动工具还有另一个好处，那就是它有时可能表明，你真正想要的是让对方相信，你对某一问题的想法或解决办法是最优解。这会帮助你意识到，你的最优策略不应该是谈判，而是找出明确、完善的论点来说服对方。

💡 示例

杰瑞（Jerry）是一个大型合作项目的信息技术业务分析师。这段时间以来，她一直在应对某项挑战：她的内部客户——客户支持中心，在监控客服投诉方面遇到了问题。杰瑞认为自己总算和信息技术软件开发团队一同找到了最佳解决办法：在现有应用程序上安装一个新模块。她可以采取几项策略来和客户支持中心交涉：

1. 说服他们："我找到了最佳解决办法，我会提供所有论据来让你们相信，然后我们就可以开始更新了。"

2. 进行谈判：首先，杰瑞必须使用联动工具，并"返回上一层"，即从"我想安装模块 X"出发，问问自己"我为什么想要安装模块 X？"答案可能是"业务部门需要监控客户投诉，我得回应他们的需求"。其次，她的目标就变成了"我想改进对客户投诉的监控"，并

讨论她和团队满足内部客户需求的条件。"我可以提出一个想法，不过我还有其他想法可能也行得通……"

选择第一种策略，杰瑞则要说服客户相信她的解决办法最有效、最好。

选择第二种策略，杰瑞则要注重寻找解决办法并展示其特征。

图 3.5 概述了第一种策略，图 3.6 概述了第二种策略。

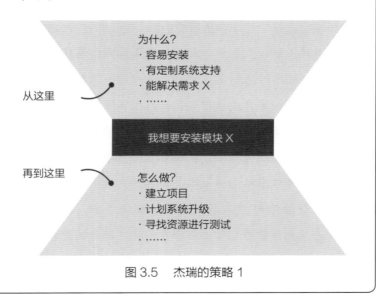

图 3.5　杰瑞的策略 1

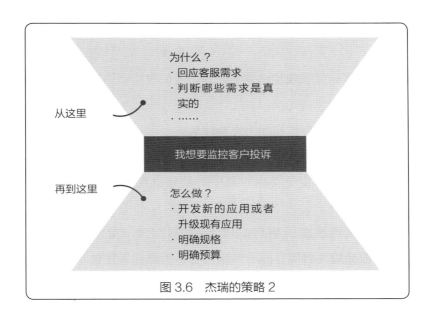

图 3.6 杰瑞的策略 2

要记得，谈判是一项选择，而在某些情况下，例如在以上示例中，你其实希望说服客户让你安装模块 X，那么你就需要采取另一种做法。时间压力也可能会影响你对策略的选择。重要的是，对自己提问，借助联动工具，并认真思考。如果你决定进行谈判，即如果你决定进入双边交涉，那你就必须听取并考虑对方的意愿和需求。

当你终于见到对方时，持正确的开放态度会让你有更多选择，创造更多机会来发挥创造力，并帮助你正确地定位自我。

意愿和准备

许多研究和现实案例都强调，人们没能如愿以偿的最大原因是：

◇不清楚自己实际上想要什么。

◇不敢提出要求。

◇即便提出了要求，其中的信息也往往被对方弄混或误解。

首要问题是，为何知道自己想要什么如此重要？你试过蒙着眼睛掷飞镖吗？除非纯属巧合，否则你很难触及那个你看不见或没有具象化的目标。此外，如果你脑中没有明确目标，你就很难清晰地表达它。你的目标于你而言越明确、越重要，对方就越明白，你也就越敢提出要求；你的信心会随之增加，你的韧性也会随之提高。

意愿是一切的根本，它与目标的实现密切相关。关于实际想要某事物的重要性和意愿，作家约瑟夫·戈德斯坦（Jo seph Goldstein）认为："它就像头脑司令，协调所有其他因素来实现目的……它负责组织、聚集和引导所有其他心理因素，从而达成某个结果。"在脑中明确目标、能用文字把它表述出来，是实现目标的基础：只要实现目标需要别人帮助，你就必须能够把它表达清楚。意愿和意图则承载着你的行动。换言之，所有出于意图和意愿的行为都能够在当下和未来收获成果。

我们的生活会如何展开，动机起着决定性作用，因此一个强大而鼓舞人心的目标是本书中五步谈判流程的基础。很多人在被提问时，发现很难清晰表述自己想要实现的目标，很难说出理想的结果或解决办法。如果你无法说出自己想要什么，那么参与谈判的另一方或其他多方又怎么会明白？有些人会尝试冗长的操纵策略，这有时能奏效，但代价又是什么呢？你想要的是通过谈判达成持久的伙伴关系与合作。如果对方在谈判过程中受到操纵，那么他们遵守协议或维持关系的可能性有多大？在许多层面上，以公开的方式清楚地表达一个人想要什么（见第 6 章），成事效率要高得多，但要明确：公开并不意味着放弃或认输。选择公开而非保密，往往给人一种卸下防备的感觉。

一旦你理解并建立了上一章（第 2 章）所述的心态，而且对你的目标和动机有了清晰的认识（已经与目标联动），那么你就可以使用五个特定步骤来执行以解决办法为焦点的谈判了。每个步骤各不相同且相互独立，包含各自的工具和方法。将这些步骤区分开来很重要，有助于进行系统化的思考并明确各项行为。我们将在往后的章节里详述每一个步骤。

要点总结

▷ 你需要意愿和机会来进入谈判（即你想要谈判还不够，你的意愿还必须与对方的意愿匹配：所有人都必须希望参与谈判）。另外两个前提是创造力和灵活性。

▷发挥创造力会提高目标的实现程度，令谈判收获更丰硕的成果。对你能够要求到的选择扩充后，再结合灵活性，方能确保你谈成的协议更有价值、内容更丰富。

▷整个谈判过程的关键在于维护利益，包括你的利益和其他所有牵涉方的利益。但是要记得，各方利益无须相同，并且要谨防陷入常见的困境：试图就你的观点与对方争论，让对方认同你的利益比他们的利益更有价值。

▷利益是一个基本概念。尽管各方无须拥有相同利益，但将每一方的利益纳入考虑非常重要。

▷使用联动工具将帮助你思考自己想要什么、你为何想要这些，以及有哪些策略可以实现目标。

▷你的目标是你进入谈判的立足点，这个点之外是你将对方纳入考虑的空间。

第二部分
准备

04

第1步：分析背景

本章着重介绍背景分析以及在此步骤中必须考虑的元素。此步骤的重点在于考虑并决定每个元素。你对情况和整体背景了解得越多，就越能思考清楚自己想要什么，如让谁加入你的谈判团队最合适，应该尝试与谁取得联系、邀请谁来谈判以及如何联系到这些人。熟悉并洞悉背景将确保你的行动力更强、理解和接受新元素的效率更高，令你交涉起来更自信。

本章首先详细探讨引起谈判意愿或需要的因素，并分析谈判的背景——在你希望或需要交涉的同行、百姓、党派或社区等群体之中，谁是最适合与你谈判的人？如何与他们取得联系？由谁来组成你的谈判队伍？信息分享和收集十分重要，有时甚至称得上是重中之重，无论是你选择分享的信息还是你决定提出的问题。双方会面的后勤与规划方面也需要仔细考量。

接着我们会讨论多元文化的谈判，这是背景分析中的一个重要考虑因素。我们在一个互联互通的维度中运作，谈判并不局限于桌子的两端或是电话线的两头。无论我们身处何地，建立伙伴关系正变得日益简单，甚至日益必要。然而，各地的文化规范、最优做法和社交礼仪各不相同，它们对谈判和沟通的影响绝不能小觑。虽然一种方法可能适用于多种文化，但你仍然需要考虑各种因素，否则难免遭遇重重阻碍。多元文化的谈判需要执行者投以更高的关注、具备更深的理解，所以我们才要用一整个章节来专门叙述这个主题。

分析背景的意图

"分析背景"这一步骤能帮助你深思谈判发生的环境；帮助你判断谈判是不是最优做法，了解导致某种情况或冲突发生的原因，并制定宏观策略；帮助你确定即将（有望）举行的会议环境、其组织工作，以及关于信息方面的要点；帮助你决定让谁加入谈判。

以下各个主题或问题值得我们深入思考、探索答案。在从政和经商的许多情况下，每个具体观点本身可能都是一场孤注一掷的谈判。

在明确自己想从谈判中获得什么、通过追求目标获得什么以及存在哪些与目标相关的意愿后，便需要认真思考以下几个方面。

背景

在背景分析中，首先思考引发谈判意愿或需要的因素是什么。背景是指围绕并影响事态的环境。在某些情况下，背景可能只产生轻微的影响，但仍然不容忽视；而在另一些情况下，背景可能产生巨大的影响。有时背景可能非常简单，如关于参加女儿的生日会而不妨碍工作项目推进的谈判（见第 1 章）；有时背景可能十分复杂，如关于英国脱欧的谈判。

分析背景时，应该牢记以下几点：

◇谈判即将在什么背景下进行（例如，政治局势、社会冲突、经济问题、企业合并或项目管理等）？

◇你的最终目标是什么？你认为谈判是最优策略吗？

◇你认为对方是否另有所图？你是否另有所图？你的真正意图是什么？

时机和规划

接下来要思考谈判的时机、进度和规划，尤其是会面的规划。我们要预留足够的时间进行多次会面，以便各方对谈判进行思考，并将新的元素或环境变化纳入考虑。有时谈判的时间框架是允许调整的，而有时你需要在特定日期前达成协议，那么其中的最后期限就是固定的。例如，在瑞士洛桑举行的青年奥林匹克运动会上，关于运动员住宿问题的谈判必须在 2020 年 1 月奥运会开始前完成，不容更改。

你需要思考以下问题：

◇谈判应该在何时进行？何时进入讨论才最合适？

◇是否存在任何你需要考虑的截止日期或阶段？在设有截止日期的某些情况下，你需要从最终日期开始逆向规划（例如世界杯：开赛日期不容更改；奥运村必须在开赛前建成；软件上线之前还需要开发一个模块）。

◇何时开会最合适？选择良好的时机，如注意力最集中、准备最充分的时候。确保预留充分的时间进行多次会议。正如第 2 章所述，整个谈判过程往往会历经多次会面（多轮谈判）。

◇你认为要举行多少次会议？提前计划，降低各方承受压力的风险，毕竟许多人都难以在压力下表现得游刃有余。

◇整个谈判过程应该持续多久？每次会议应该持续多久？

💡 **示例**

一家工厂将在两年后关停，需要为工人谈一份集体劳动协议。这份协议需要先获得员工和工会成员的认可，再获得首席执行官（CEO）的批准，然后工厂才能起草法律效力方面的条款。那么，提前计划好具体的阶段就很重要了：第一季度末，起草协议发送给CEO；第二季度的第二周，更新协议并正式提交；第三季度末，法律部门制定出最终协议；第四季度中期，计划和协议内容已传达至所有员工，并为外部所知。

谈判对手、沟通方式和文化差异

这一点关乎您的同行：谁是最适合入座谈判的人选？与"对的人"交涉，我们与目标之间的距离就缩短了一大半。我们需要明确谁的权力或影响力最大、能够直接或间接地帮到你，确定如何与他们取得联系，并尽可能多地收集有关他们的信息，例如他们喜欢的沟通方式、他们的职业概况和文化背景。

你需要明确以下几点：

◇谁是最适合、最理想的交涉对象？根据即将谈判的主题，确定并确保"对的人"入座谈判，并且瞄准最佳人选推进谈判，这一点非常重要。他们有何等权威、社会地位、决定权或影响力？

◇（根据已知事实）你认为他们的利益可能是什么？避免猜测或想象，如果要进行假设，务必验证你的假设。

◇应该注意的文化差异有哪些？

◇你对他们喜欢的交涉方式了解多少（例如，面对面交涉还是线上交涉）？这些交涉方式如何实现？如何与他们取得联系？直接致电还是发送邮件？有人引见会不会更好？

◇以往你是如何与他们联系的（若有）？这会对谈判过程有何影响？

💡 **示例**

在谈判集体劳动协议时，应该先与人事主管交涉还是先与 CEO 交涉？两者之中谁对员工所持态度更为开明？两者会相互影响吗？

谈判地点、访问权限与后勤工作

有时我们需要考虑各方会面的后勤与组织方面，以便制订各种备选方案。在特定情况下，这些方面可能产生很大影响。例如：如果谈判涉及他国公民，而他们需要亲临现场，那么你需要为他们预留赴约时间；如果谈判只通过视频会议的应用程序进行（见第 8 章的在线谈判），那么你需要考虑技术和宽带的使用。有时我们可能还需要特殊设备，例如，进入机密场所或实验室可能需要特殊的安全访问密码。而在战火一触即发的险境中，各方需要对是否武装会面达成一致。

仔细分析以下几点会对你有所帮助：

◇谈判和会面应该在哪里进行？确保仔细挑选合适的地点，不存在扰民的噪声。良好的布局和舒适的环境能够有效地营造谈判氛围，所以要防止任何负面影响出现在环境中。

◇是否存在需要考虑的安全问题（如访问限制、战争危险或有害物质）？在地点和访问方面是否存在需要考虑的因素（例如，上次会议的地点是中立地区或对方的城市／国家，所以这次会议的地点应该在你所在的城市／国家……）？

◇是否需要用到任何特殊设备？

关于在线谈判的要求，见第 8 章。

你的谈判团队

组建一支准备充分的队伍对谈判帮助很大。虽然我们可以单独谈判，但身处于一支有见地的团队之中可能形成很大的优势。背景分析的重点在于选择让谁加入你的谈判团队。人数与效率成正比的例子不多。谈判团队要包含几名特定人员，其中两名主要人员（"领队"和"副领队"）在谈判时必须始终在场。此外，你可能还需要几名专家，有时可能还需要一名口译员。职责分配如下。

◇ **领队**：主要负责引导讨论、发言、提问、解答、提供信息和提出假设性建议。

◇ **副领队**：主要负责观察，在信息传达不明时进行复述，协助保持谈判不偏航，记笔记和做总结。

◇ **专家**：主要负责就具体事项提供专业意见和建议，并解答与其专业领域相关的问题。

◇ **口译员**：多元文化或者聋哑人在场的谈判可能需要口译员。你需要向口译员完整地介绍谈判主题，以便他们在开会前记好相关术语。在多元文化的谈判中，口译员必须熟悉与该谈判相关的文化。要慎选口译员。在雇用口译员之前，要确定他们的经验和水平，并记得提前向他们介绍情况。安排口译工作要像安排交易中任何其他策略一样。还要记得当次口译是同声传译还是交替传译，并相应地调整和安装设备。

领队和副领队的职责都是引导整个团队，副领队在必要时帮助领队，例如阅读提示和澄清状况，为领队争取思考的空间。几乎在所有情况下，组建谈判团队（即分配领队和副领队）都是最优做法——四只眼睛观察和四只耳朵聆听，可以减轻各个队员的压力，让每位队员都有一定的放松和思考空间。例如，在副领队做总结时，领队可以查看笔记，留意是否还有需要讨论的事宜，并专注于推进谈判。谈判双方显然并非总局限于两人，如工作面试。但即便你的团队中只有你一人，你也要发挥上述职能：有时作为领队发言，有时又作为副领队，提出用几分钟阅读笔记和进行总结。

专家往往是必要且重要的，但必须受到严格监管，只回答特定问题。事实上，扼杀谈判的最好方法就是让两个专家面谈，因为他们遵循真相的逻辑（"我是对的"），而谈判者遵循利益的逻辑。专家"懂得最多"（毕竟身为专家），而且倾向于为自己的观点辩论。但是你想想：是你的目标重要，还是真相重要？你的自尊心会形成阻碍吗？理想情况下，谈判者不和专家身处同一地，但可以即刻联系到他们，并且应该已经提前向他们简单地介绍了他们的职责和你期望他们做的事：只回答所提问题。

职业谈判师劳伦·孔巴贝尔（Laurent Combalbert）强烈主张，最终决定人，即对谈判协议最感兴趣的人，应该避免担任领队，甚至避免出席谈判，而是将讨论和谈判委托给其他队员。最好别让骄傲自负的人出席谈判，如果这个人必须在场，那么要确保认真地指示他：保持看似被动的状态才**更具优势**。

在背景分析阶段决定谁担任领队，谁担任副领队。两者职责可以互换，但不要穿插。最好事先分配好职责，这样入座谈判时，你就很清楚每个人要做什么以及如何相互沟通。确保团队成员充分了解情况，并且绝不会在其他与会者面前发生内讧。必须明确各个队员的职能和责任，避免听从个人意见：因为一个团队，需要作为一个整体来运作，在面对谈判对手时尤其如此。

最后，向各个队员说明你和他们分别拥有哪些权限。

信息

信息至关重要，能够左右谈判的走向。你需要仔细审查各方信息的质量、关联性和可用性。每个团队成员都必须掌握足以作出均衡决定的信息。因信息不实或不足而作出的决定或承诺，其效果很可能适得其反。有些人通过保留数据或提供虚假信息来胁迫交易或操纵对方。要是你挑起一场心理博弈，对方尊重最终协议的可能性有多大？如果这条理由还不够，那就记住：隐瞒信息的行为可能会承担法律责任。建立持久的伙伴关系并落实谈成的协议离不开各方的投入：如果对方发现自己被掌控或操纵，他们为这段伙伴关系投入精力的可能性有多大？你需要考虑以下两点：

◇关于对方和整体的谈判情况，你需要了解什么？尽可能多了解对方的背景。如今得益于互联网，海量的信息唾手可得（如年度报告、预算分析、社交网络、法律文书和公司章程等），而周围的同事等人可能知晓你即将交涉的人士、文化和组织。你知道的信息越多，就越能理解情况的微妙所在。不过要注意，并非你能找到的所有信息都反映了事实。

心存疑虑时，不要去想象或假定，而是去验证你的猜想，或者干脆提问。如果谈判各方来自不同文化，那么就更应该充分收集诸如其他现存文化的行为规则等相关信息。仔细规划你要向对方提问的内容，从而收集你独自无法得到的信息，并牢记自己的真实意图。这有助于避免诱导性的提问和言不由衷的表达。

◇对方了解你，对你有何好处？关于你和你的情况，你希望对方了解哪些？许多谈判技巧坚称"对方知道的信息越少越好"，但本书所述的谈判模式立足于另一种思路：战略性地提供信息可能创造巨大利益，有时甚至可能为对方创造需求。透露关于你或你的情况的信息，其实意在创造或影响他们与你达成协议的兴趣；换言之，就是令对方意识到，通过合作拼图、参与谈判和彼此建立伙伴关系，他们会有所收获。

你需要遵循两条基本规则：第一，你所言必须全部属实；第二，你无须彻底坦白，而是选择性地透露信息。不要隐瞒难处，坦诚可以令对方卸下防备。

信息的力量不容小觑。你还可以深入提问自己：你提供信息背后的意图是什么（图 4.1）？

你所言必须属实，但你无须彻底坦白 { 分享
关于你和你的情况的信息，而且透露这些信息符合你的利益。
发现
计划提问有帮助的相关问题——你需要了解但无法独自找到的信息。

图 4.1　战略性地提供信息

多元文化背景下的谈判

各项研究表明，多元文化背景下的谈判往往比单一文化背景下的谈判更具挑战性，主要原因是各种文化由不同的行为、态度、沟通方式和价值体系构成。文化包含人类社会中形成的社交行为和规范，以及人类的知识、信仰、艺术、法律、风俗、能力和习惯。图斯（Toosi）等人在研究文化和种族对谈判中形成的性别动态（关于性别与谈判的更多内容将在第 12 章讨论）时，将文化视为一张宽广的行为模式和价值网络，它与种族和性别一同相互作用，定义了社会所接受的谈判行为的概念。因此，文化不局限于国籍，文化涵盖了具有相似行为、价值观、规范和沟通方式的群体。

文化在谈判中发挥着重要作用，因为透过文化这层镜片，人们可以相互感知和理解对方的态度和行为，看到和解释周遭环境。人们的行为、规范、价值观和沟通方式会因文化差异而千差万别，很容易被误解，从而造成严重的后果。即使在相同的文化中，人们也可能以不同的方式来感知和理

解同一个事实，那么同时出现多种文化时，人们之间出现分化的可能性就更大。各个国家拥有独特的文化，各个团队或组织也不例外。人们往往认为文化只与国籍有关，但文化的范畴正在日益扩大，包括组织文化、村落文化、大学文化、监狱文化、青少年文化和聋哑人文化等（图4.2）。

切勿
受制于成见或妄下断论，
否则你可能产生严重的误解。

图4.2　文化是某个社会群体共同遵循的规范、行为和价值体系，
文化影响着沟通方式

多元文化背景下的谈判更具挑战性，主要有以下三个原因：

◇面对另一种文化时，人们往往受到成见的影响，而这种印象往往带有贬义，从而产生错误的期望和解读。

◇一个人的行为、价值和信仰要透过其文化来理解。

◇文化对沟通方式的影响很大。

为了省事，人类将信息分装成一个个"小盒子"，也就是所谓的"成见"，它们作为人类的认知捷径，帮助人类快速处理时刻存在的大量数据。成见有助于划分人类的行为。同样是为了省事，人类根据对方的行为作出假设，并以某种方式解释这些假设。换言之，一个人所说的话或者他的行为方式是根据成见所验证的假设来解释的，而许多成见与文化相关。

荷兰心理学家霍夫斯泰德（Hofstede）在研究中指出，

文化价值观构成一个人的观念，并在很大程度上影响着他的语言或非语言沟通方式。随着从古至今的文化演变，各种沟通方式已经形成。认识不同的沟通方式并予以尊重，是改善多元文化交流的第一步。第二步是知晓如何在聆听中适应对方的文化并调整自己的观念，从而理解信息背后的含义。各种方式之间不存在孰对孰错，各种看法之间也不存在孰是孰非。语言沟通很大程度上受文化差异的影响，非语言沟通也不例外。其中一个常见的例子就是眼神交流：在某些社会群体中，眼神交流代表诚实与尊重；而在另一些社会群体中，眼神交流则代表威胁与挑衅。

虽然文化差异会给谈成协议带来更多挑战和困难，但不同的看法、优先事项、信仰和价值观也为发挥创造力和利用潜在价值带来了机会。

如何应对多元文化的挑战无法用三言两语说清道明，不过学习以下技巧可能会有所帮助（图4.3）：

◇多留意谈判中的各种文化，其中有些是不易察觉的。在开始谈判前，花时间尽可能详尽地了解谈判背景以及对方，包括他们的国籍、工作领域和企业文化等。

◇在不违背价值观的前提下去适应背景。例如，你可能无法接受某些文化中（对你而言）某种程度的顺从行为。在这种情况下，你可能会质疑自己是否选错了谈判对手。

◇设法理解对方的行为依据。

◇在多元文化背景下谈判时，要记得：

- 所有看法都是相对且不完整的。
- 所有看法都是合理且可接受的，不要妄断自己的看法才是普遍原则。

◇一方感到自己的文化差异得到了尊重时，会更倾向于尊重另一方。

◇对对方的看法持开放态度并不意味着放弃自己的立场，而是拓宽立场、借题发挥，甚至融入其中。

◇观察但不批评。

◇有疑问就提出来。

◇各方需要相互帮助：各方都是彼此的机会。因此，理解对方才最符合你的利益。

◇你不是来批评和改变他人行为的。

> 不要妄断"我的看法才是普遍原则"。
>
> 尽可能多地了解你所交涉的文化。
>
> 持开放态度进行观察——避免去批评。
>
> 可能的话，去融入谈判背景。

图 4.3　一些值得记住的小技巧

从根本上说，在多元文化背景下谈判一项协议时，不要认为自己的看法才是普遍原则，也不要认为自己的解释才是不言而喻的。主要问题不是"孰是孰非"，而是"我们的处境根本不同，该如何顾及所有利益并谈成一项持久的协议"。
多元文化背景下的谈判虽然比单一文化背景下的谈判更具挑
战性，但也为创造力提供了各种可能性，有助于我们发掘五
花八门的条件，从而提高实现交换的可能性（图 4.4）。

> 创造力在跨文化背景谈判中有很大的发挥余地，
> 并且可以对各不相同的优先事项、价值观和
> 偏好加以利用。
>
> 无论对方来自什么文化，
> 你都需要与他们达成协议。

图 4.4　多元文化背景下谈判的注意事项

关于幽默的一点看法

这里的幽默通常是在其他人或其他群体面前，拿特征、
文化或亚文化进行娱乐或开玩笑。换言之，幽默往往是拿成
见来讲笑话。最好避免尝试幽默，因为这么做很可能踩雷，
伴随的风险很高，在多元文化背景下的谈判中尤其如此。幽
默可能对双方关系造成严重破坏，令你需要的人不悦，给他
们留下糟糕的印象，觉得你不够机敏。你认为的幽默可能会
（严重）冒犯开玩笑的对象。仔细想想开玩笑的潜在风险，
你可能会不禁自嘲：我的真正意图是什么？我真的需要开玩
笑来活跃气氛吗？任何涉及政治、宗教或性行为的内容显然
也不该触碰！

背景分析表

表 4.1 可以协助分析背景，视情况填写表中相应的方框。从第二列（理想条件）开始浏览表格，如果可能，始终在理想条件下考虑。换言之，如果让你选择会议地点，你会选哪里？如果让你选择与会者（包括你的团队成员和谈判对手），你会选谁？已知元素是指你了解的元素和你认为相关的元素。不可接受的条件是你无法接受的元素，例如，你可以参加你寻求召开的会议，但你必须飞往瑞典进行这一小时的会面，而这对你来说根本无法接受。

表 4.1 背景分析表

目标（宏观）	理想条件（我真正想要的情况）	已知元素	无法接受的条件
与会者：名称、职位、权力、影响力……			
文化方面需要谨记的内容（例如，可能需要口译员）			
时机、规划和可能的最晚期限			
地点和使用			
后勤和安全问题			
我的团队：成员有谁、各成员负责什么、是否需要专家、各成员有何权限			
沟通方式和所用媒介			

续表

目标（宏观）	理想条件（我真正想要的情况）	已知元素	无法接受的条件
需要查找、询问或提供的信息			

要点总结

▷详细分析谈判背景非常重要。

▷纵观全局，从宏观角度开始分析谈判背景。

▷分析背景中的每个元素可能都极其重要，每个元素本身都相当于一场单独的谈判，应该花时间把每个元素都厘清。

▷尽可能立足于事实而非假设和想象，并尽可能地发掘事实。

▷要向谈判团队仔细介绍各个成员的职能、你对他们的期望，以及你希望彼此之间如何沟通。

▷多元文化背景下的谈判可能极具挑战性、极其敏感，要保持高度警惕。同时，多元文化为创造力提供了巨大的发挥余地，所以要保持开放态度，并尽可能多地了解相关信息。

▷避免开玩笑，因为玩笑可能形成的窘迫和阻碍超过其潜在的积极作用。

05

第2步：分析目标

　　本章着重介绍谈判中最重要的元素之一：目标，即谈判力求达成的最终结果。我们将学习如何详细分析自己想要实现的事物和谈判目的。放眼于总体目标，使用第3章的联动工具来明确目标，了解构成谈判路线图的元素。

　　首先，本章将介绍分析目标步骤中需要避免的一些常见错误。其次，用三节探讨构成谈判路线图的元素：先阐述定义和制定目标的重要性；再讲解如何把目标拆解为可谈的条件，以及如何决定哪些条件不可或缺、哪些条件作为备选。最后，集中讨论设定目标和限制条件的重要性。

开始谈判之前，找个安静之处和自己约个会，这样你就有时间好好思考自己真正想要实现或取得什么，并确保把自己完全锁定在"自我意识"里。

避免三个常见错误

人们在参与谈判时经常会犯一些错误，这可能会严重影响谈判结果的质量。

不做准备

第一个错误是不做准备，或者没有花足够的时间搞清楚自己想要什么。众所周知，事先做好充分的准备让我们更有可能达成一桩优质的交易，甚至在某些复杂的情况下，达成令我们称心如意的协议。我们无法触及自己看不见的目标，更别说去毫不含糊地传达它。然而，许多人在谈判时都处于懵懂状态。他们不知道，用在思考目标上的时间会最终回本。

直接反应

第二个错误是直接反应。我们应该（试着）决不直接对对方的请求或状况作出反应。直接反应往往会导致我们忽视自己真正想要什么，忘记自我，主要根据对方的诉求来行事，受对方意愿的影响。要记住，第二个步骤中没有思考对方的空间。在你花时间准备和明确自己想要什么时，你必须把自己锁定在"自我意识"里，不考虑其他任何人，只关注自己，包括你的项目、团队、家庭和处境，即你的"一面"。你要始终设法锚定自我，并尝试将"作出反应"改为"主动出击"——发掘其中的机会。"如果我无法改变这种情况，我该怎么建立潜在优势？"有时我们对外部环境无能为力，但我们总能决定自己作何反应。自身的反应是可控的，即使这有时看起来非常困难。这一点我们将在第 9 章进一步讨论。

💡 示例

由于经济因素，你不幸面临着失业。现在你有几个选择：

◇进行抗争（"我不该被解雇——我要起诉你们"），可能请律师代劳，或寻求工会或媒体的帮助。

◇感觉自己被抛弃（"这太不公平了，我要自己离职"）。

◇改变心态，在逆境中寻找机会（"就算要被解雇，我也要尽可能在最好的条件下离开，这些条件包括……"）

最后一个选择，会对你与上级和人事部的沟通，以

及你对对方的回应产生巨大影响。可能更重要的是，这将对你如何自视产生重大影响，因为采取积极态度后，你至少会试着改变结果，而非感觉自己更像是被抛弃，索性接受正在发生的事。然后，你至少会打开谈判的可能性，其结果是耐人寻味的。曼德拉概述过这种做法：最好别去恐惧，而是去期待。

想要一举两得

第三个错误是同时追求两个目标，并交叉推进。其中的风险在于你分散了精力、创造力和注意力。时间很宝贵，如果你不专注于最重要的目标，而是同时深入思考和分析两个目标，那么你花在每个目标上的时间都不可能太多。拥有两个目标时，往往需要划分一个"最优"目标和一个"次优"目标，不能同时争取两者。心里念着银牌，就不可能夺得金牌。同时追求两个目标的另一个风险在于，你会倾向于，甚至无意识地让对方决定哪个目标更重要，但实际上应该只有你来决定自己的目标和优先事项。理想的做法是选择追求那个更能激励你的目标，那个你真正想要与对方合作实现的目标。

我们也可以换一种背景来形容这一点：

一天，一位初学弓箭手拿来了两支箭。师父对他说："初学者不该同时射双箭。你去关注第二支箭，就不会把足够的注意力放在第一支箭上。重要的是完全专注于射一支箭，不去怀疑它能否命中目标。"

分析目标

在这一步骤中，你要详细筹划目标。你要定义并明确自己的条件，量化界限，清晰地描述自己最强烈的愿望和底线，从而确定自己希望提供的信息和需要提出的问题。本章末尾的工具和路线图可以帮助你明确自己究竟想要什么。

目标是谈判的基础，是你的动力、你的方向。要使这一步骤的效果最大化，就必须把自己锁定在"自我意识"里（见第 2 章），关注你想要什么，不去考虑对方的意愿或反应。如果你在这一步骤中考虑对方，那么你难免会降低期望，改变目标的某些部分，甚至忽略某些对你而言重要的事物。你可能会忽视某些条件，并且去假定对方可能想要的事物。这一步骤的理想心态是思考"如果我能随心所愿，我会做什么？"换言之："如果我会魔法，我会希望变出什么？"

只要还不知道自己想要什么，你就会受到对方的影响，当他们非常清楚自己的目标时尤其如此。如果不确定自己想要什么，你就会倾向于将对方当作敌人或问题，因为你会根据他们提出的需求或意愿作出反应，而这种做法往往会对你形成阻碍（图 5.1）。

要记得，你的目标可以通过联动工具（见第 3 章）来明确。

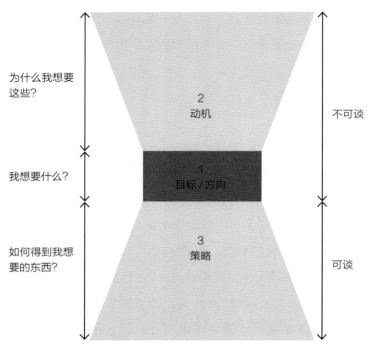

图 5.1　分析目标

现在你处于"自我意识"里，即可开始确定路线及其核心元素：

◇目标

◇条件

◇抱负

◇底线

◇疑问

◇信息

这六个元素构成你的谈判路线图，将是进行会面的基础（第3步）。你需要明确并坚持哪些可谈，哪些不可谈。路线图是一个框架，阐明你在生活或项目中某个特定时间内要做什么。标明路线图，并坚定地走下去！你越仔细构建路线图，它就会越清晰、越切合实际、越贴近你的想法，从而你也就越容易传达它。下面我们来讲讲路线图的构建。

如何制定目标

写下目标时应该始终遵循这个格式："在某些特定条件下，我想要……（某事物）"

这个简单的表达方式可以分为两个部分：

◇**第1部分："我想要……"**

这是你真正的目标，即你想要实现的最终结果。尽管他人/对方可能阻止你取得这个结果，但没人可以打消你的念头。这就是意愿，是产生意志的前提（见第3章）——这是不可谈、不可辩，也不容更改的。你的目标没有商量的余地。

◇**第2部分："在某些条件下……"**

这表明你将要并愿意进行谈判，进入双边交涉（而非采取强加想法等策略）。你不希望自己的目标受制于任何条件，但是愿意为了实现目标而去满足某些条件，而这些条件就是你的谈判对象。要明白，你不会去谈判你的目标，而是去讨论可以实现目标的条件。

设定目标的规则如下：

◇ 目标不可谈。

◇ 目标必须能鼓励你、成为你的机会和驱动力。你的目标越能鼓励你，你实现它的动力就越大，你的韧性也就越大。你的自信心也会受其影响。第 3 章讲述了动机和韧性的重要性。要记得洛克（Locke）和莱森（Lathan）的研究结论，即你设定目标的方式关乎你的动机、自尊、自信和自主性。

◇ 目标必须始终积极，并且代表着机会：否定无法激励你的潜意识，因此，不为有所收获而奋斗是非常困难的。面对一个消极的目标时（显然有时你不希望某事发生），有必要问问自己"除了不想要这样，我有没有想要的东西？"（"如果我不希望这种情况发生，或者如果可以随心所欲，那么我会做什么？"）。调整心态有助于你改变态度，并且很可能有助于你及时朝着目标动身。例如，从"我不想和 X 共事"转变为"我想和 Y 共事"，或者从"我不想丢掉工作"转变为"我想在最好的条件下离职"。

◇ 自己永远是重中之重。换言之，你必须掌握主动权，而不是让别人代劳（"我希望你……"），否则你就脱离了"自我意识"。对方是要负责实现你的目标，因此你考虑的条件会基于你对他们的判断而出发，包括你认为他们想要什么，如果他们问起 X 时你会作何反应，以及你可以运用什么策略拉他们"入伙"。利用宝贵的时间来思考你的条件，帮助才更大。你应该只考虑你和你想要的事物，例如，我想要为我自己、我的团队、项目、家人、公司……争取某事物。

你的条件

条件是最小的可谈单位，是从你的目标拆解出来的重要碎片。例如，"我想买这套公寓"——买这套公寓对你而言意味着什么？价格是多少，何时入住，需要开展哪些装修工程，房屋是否在保，何时签订合同，入住前是否进行大扫除，现有家具是否需要更换，等等（图 5.2）。

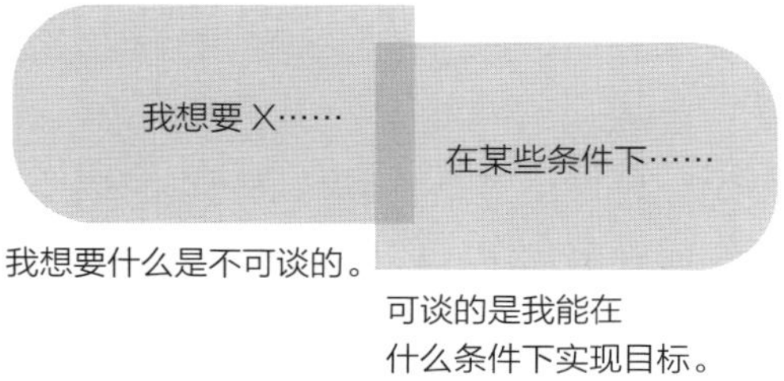

我想要 X……

在某些条件下……

我想要什么是不可谈的。

可谈的是我能在什么条件下实现目标。

目标制定规则
1. 不可谈
2. 我是重中之重——我想为自己争取某事物
3. 不能用否定式
4. 必须起到鼓励作用——是我真正想要的东西

图 5.2 如何制定目标

条件要非常精确、充足且丰富。为此，你要发挥创造力

（记住，创造力是进行优质谈判的前提之一）。罗列充足的条件很重要，而且实际上，条件越多越好。分类罗列条件非常有用：

◇ 与**产品、服务、客体**有关的条件。例如，你想购买的实物（显微镜、汽车、房屋、你的商店所需的包装材料等），你有意向购买的服务（平面设计、信息技术支持等），或者你的谈判对象（条约、社会契约等）。

◇ 与你想要建立的**关系**有关的条件。例如，供应商、另一个部门，或者邻里委员会。这些条件可能包括：你是否拥有专门的大客户经理，开会频次是多少，如果出现问题怎么办，以及使用哪些沟通渠道。

◇ 与**合约**有关的条件。这些条件通常首先需要考虑成本、定价、交货、数量、起订日期、薪资和假期津贴等。

◇ 与**组织、公司、协会**有关的条件。例如，如果你正在找工作或寻求合作，你更倾向于选择初创企业还是国际组织？在理想情况下，公司或机构应该设在何处？其规模应该是小型还是中型？就合作而言，国内合作是否比国际合作更好？

细分条件有助于你理清思路并发挥创造力。与特定情况相关的条件可参见附录。

所有条件都要非常明确，达到无须解释的程度。所有牵涉方对条件的定义和理解都要相同，因为条件具有约束力，而且往往会出现在合同或协议中。与不熟悉谈判语言的人交涉时,确保对方的理解尤为重要。罗列的条件越多,你的灵活性就越高,而只有借助灵活性,你才能发掘更多条件。换言之,正如第 10 章所述,从抱负的价值出发谈判,在某些条件下,你愿意放弃这个价值,从而用另一个条件来弥补你的抱负。

条件不能为否定式或者零价值(即"我拒绝这个条件,我不想要它"),否则就意味着你要以"我会拒绝对方的请求"来思考对方。例如,一个组长或人事经理猜测对方会提出某个迁移方案,并打算拒绝这个方案:"如果他们要求搬迁,我会拒绝。"(图 5.3)

图 5.3　对条件进行细分

这种情况应该避免,原因有两个:第一,等待对方提出请求,然后考虑你可能愿意接受的条件,这样才符合你的利益——这样你就可以反过来提出某个条件进行谈判,根据交流情况来同意对方的部分或全部意见。第二，准备谈判的时间往往很少，关注你自己和你想要什么，而非猜测对方可能会提出什么条件（他们可能根本不会提），才能最大化你的利益。这一点我们将在第 6 章探讨。

> 始终记得，你考虑不到的东西，你就不会去提它；你不去提，你可能就得不到它。因此，确保留给自己足够的时间来仔细思考并罗列所有条件。

给你的条件设限

条件本身没用。在某种程度上，它只是一个词、一个标签、一个你能在字典里找到的条目。你需要给条件划定界限，这种界限可能有两种：一种是理想界限，即在五步谈判流程中的"抱负"；另一种是终止界限，即"底线"。

抱负：为每个条件明确其抱负

抱负代表你希望在某个条件下实现的最佳结果。不应该将抱负误解为可接受的价值，因为对方未必接受。在构建路线图时，你的抱负必须是一个真正值得你奔赴的目标，并且其价值能够用一个简单而强大的公式来计算。你决定自己的条件价值，即你的个人参考价值（PRV）。这个 PRV 不能是错误的，它属于你个人，基于你的经验、知识和研究。

然后，你决定什么对你来说是一桩雄心勃勃的优质交易，从而提高 PRV 的估值。这样一来，你就树立了抱负，即你奋斗的价值。方程式如图 5.4 所示。

你要真心朝着你的抱负奔赴，相信它有可能实现。认真进行准备、做足功课，你才能做到"相信"。抱负的价值绝非一个不切实际、虚无缥缈的天文数字。

$$\textbf{PRV} \quad \times \quad \textbf{\%} \quad = \quad \textbf{A}$$

个人参考价值 × 改善系数 = 我的抱负

图 5.4 我的抱负

> 💡 **示例**
>
> 你想卖掉你的车。例如在瑞士，你可以使用阿格斯（Argus）参考价值，根据这辆车的行驶公里数、车龄、型号等来计算它的 PRV。假设这辆车的参考价值是 2700 瑞士法郎[①]。然后出于各种原因（例如，这辆车从未发生过事故，你会定期开去车店维护，车身无刮痕等），你想抬高它的卖价。你将"抱负"设定为 3200 瑞士法郎，以这个价格投放了广告。这不是讨价还价，而是为了谈判；在某些条件下，也仅在这些条件下，你可

---

① 1 瑞士法郎 ≈ 8.0661 元人民币。——编者注

能才愿意降价。

抱负是推进整个谈判过程的动力，是你的出发点，因此也是你与对方沟通的重点。你不是要争取捍卫底线，而是要争取实现抱负。尝试借助你的抱负价值来得到你想要的东西（达到目标），就是你的动力来源。每个条件都有其抱负，无一例外。

你的底线

某些条件，而且也只有某些条件包含底线。底线是谈判的临界点。超出这个点，谈判就不再符合你的利益，这时候应该转身退出谈判。

底线：

◇要经过你的认真设置或计算。

◇要很坚固（你要坚持它）。

◇是你的路线图中完全保密的元素。

◇是你的临界点。

现实中包含底线的条件很少。根据实际情况，大约只有 20% 的条件包含底线，即临界点。底线必须坚固并且得到（你的）尊重——它不是用作压杆的托词。计算底线的一种方法，是设想你已经借助抱负价值获得了你想要的一切，除了你正在计算底线的那个条件。然后你逐步改变这个底线（一个象征性的价值 +1/−1），观察自己是否坚持了初始值。例如，你想在 6 月 30 日搬进新公寓（你的抱负），最迟日期为 9 月 30 日。你对日期前后进行测试：如果卖家让你在 10 月 15 日搬进去，你能接受吗？如果能，那么你的底线很脆弱；如果你拒绝并退出谈判，那么你的底线很坚固。要记住，如果你在某个底线上表现出弱势，对方会有所察觉，你也会因而面临在其他设定值上失去信誉的风险。坚固的底线才能赋予你力量。

这就是为什么少数条件有底线，多数条件没有；现实中的临界点往往很罕见。

有底线的条件和无底线的条件之间有一个重要区别：有底线的条件是关键条件，即如果不包含该条件，协议就不能达成——该条件对交易至关重要。因此我们才说关键条件包含底线。你的条件越关键，谈判就越困难，因为每个条件都是潜在的临界点，你在谈论和处理它们时会作出不同寻常的反应，通常灵活性较差。

所有其他条件都是备选的，也可以称其为"香槟"条件（即附加条件），是你众多条件中的一员。与关键条件不同之处在于，这些条件无底线，但仍然是良性、有趣、有用且锦上添花的元素，有时甚至能产生可观的意外收获。这些条件可能非常重要——实际上，有时比关键条件还重要。虽然它们无须包含在协议中，但仍然可以列入协议。这些条件被赋予"香槟"之名是因为，尽管它们有时具有莫大的价值，但它们不足以破坏交易。例如，设想你得到了一份理想的工作，一个你多年来梦寐以求的岗位，工作地点在繁华都市的中心。缺点是你住在偏远地带，几乎没有公共交通设施，只好开车通勤。你将尝试谈判一个条件：公司为你提供一个停车位。这个条件并不关键，因为如果对方不同意，你也不会拒绝这份工作（你可能不得不在一周内另找住所并搬家，或者组织汽车共享的项目），所以对你而言，停车位必然是一个非常有价值的"香槟"条件。

信息

路线图中的最后两个必要元素与信息有关。分析背景步骤（第 4 章）中与筹备信息相关的内容要添加至你的路线图，确保你在邂逅它们时认得出来。路线图是支持谈判的主要工具（图 5.5）。无论是你分享的信息还是你寻求的信息，都对谈判有着至关重要的作用。

信息分享

根据背景分析期间筹备的内容，在路线图中填写你认为对方了解后会对你有利的元素，例如你的情况、项目或组织。战略性的构思有助于发现利益，而且通常会作用于对

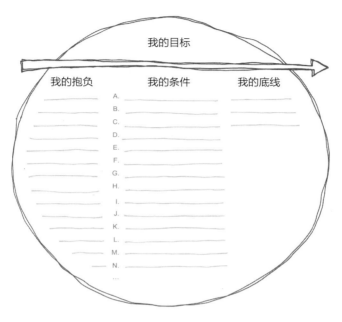

图 5.5 路线图

方。确保你填写的内容属实，而非个人看法（表 5.1）。

表 5.1 目标：我想要在特定条件下卖出我的车

条件	抱负	底线
价格	3200 法郎	2500 法郎 *
定金	100%	60%
付款方式	现金	
运送 / 搬运	对方自提	
日期	在 X 年 X 月 X 日前	
合同	尽快签署	

093

续表

条件	抱负	底线
所有权变更	买方	
买方	当地汽修厂	

* 表示我愿意低于市场价卖出。

所要提出的疑问

根据你的分析背景，你有哪些疑问？有哪些你无法自己找到却又需要了解的东西？与其冒着出错的风险去假设，不如准备好问题并牢记下来。这些问题针对你需要了解的信息，通过它们去发掘你实现目标的条件（图 5.6）。

图 5.6　对问题进行分析

要点总结

▷ 了然于胸：目标是谈判成功的基础。

▷ 筹划路线图时，确保把自己锁定在"自我意识"中，不去考虑对方。

▷ 制定一个能鼓励你的肯定式目标，即你真正想要实现的事物。

▷ 要记住，你并不是去谈判目标，而是去谈判达成目标的条件。

▷ 尽可能深入研究你的目标。发挥创造力，挣脱常规的思维框架，对一切可能性保持好奇与好问，设想所有对你有益、符合目标的事物以及你理想中的交易。不要只关注绝对必要的事物。

▷ 明确你要提出的每个条件的抱负，其价值将是你谈判的出发点和你将与对方沟通的内容，以及你打算实现的一部分事物。

▷ 既然你知道自己不能或不会越过底线值，那么就对必要条件设置底线。这个底线代表着谈判的临界点，超出这个点，你便不再希望或能够参与谈判，并退出谈判。底线要坚固，并且绝不能透露给对方。

▷ 你不是去努力捍卫底线，而是去努力实现抱负。

▷关键条件同时包含抱负和底线。备选的"香槟"条件只包含抱负。在通常情况下，关键条件（能够破坏交易的因素）很少。

▷准备好要提的问题，这些问题通往你需要了解但无法独自找到的信息。别去猜想或假设答案。

▷列出利于分享的信息，即你认为会对各方继续参与谈判发挥积极作用的信息。

▷确定好路线图，它将作为你在整个会面过程中所遵循的框架。

第三部分
会面与沟通

06

第3步：会面

　　本章着重介绍与对方的会面和沟通。我们明确自己想要
什么之后，就需要了解如何就其进行沟通，从而实现目标或
者至少更接近目标。谈判中，单靠一方（你）不足以实现目
标：谈判是一种双边交涉，因此你必须了解对方或其传话人
想要什么。每个人的利益都要得到满足，至少其中一部分得
到满足，这样才能确保各方对最终协议的投入。无论你多么
擅长推销想法或项目，如果你不让对方参与其中并回应他
们的需求，那么最终协议就会一边倒，而且存在难以落实
的风险。

你与对方会面的心态将会反映在你的行为和言语中。本章首先介绍如何构建良好的会面心态，然后介绍举行一场优质高效的会议需要满足哪些前提。此外，本章还将介绍构成谈判会面的三个阶段：介绍、核心和收尾，并通过一些示例帮助你更好地理解如何将联动工具运用于介绍阶段的开场白。

你要遵循路线图，并在其中明确自己想要什么，再建立信任和融洽关系，最后了解对方的意愿和需求，你会发现，我们需要在会面中做的事可真不少。

会面背景与前提

会面是你与对方面对面或在线相见的时刻。无论是谈判伙伴关系还是协议，把会面放回到背景分析中思考，其三大支柱便是：

◇心态建设——把对方视为机会

◇充分准备

◇善于聆听

心态建设

正如第 1 章所述，心态建设对于整个谈判过程至关重要，因为你如何看待对方会影响你的方方面面，包括你的态度、沟通方式、语言和非语言表述、耐心、韧性、猜测和你对他们所言所为的理解。整个谈判过程其实都受制于你的心态。由于你需要对方来达到目标,因此你应该做的第一件事,是确保自己从根本上将对方视为机会,意识到你需要他们(因为单独实现你的目标会更难,或者压根不可能)。

充分准备

你需要确切知道自己想要什么,也就是说,你的脑海中必须有一张明确的路线图。这样一来,你就不会心焦气躁,而是对对方充满兴趣、专心致志。

做好充分准备并明确自己想要什么是重中之重:如果你搞不清楚自己想要实现什么,那么你不仅会被对方影响,还会在沟通中面临更多挑战。你的目标越清晰,就越容易将其传达出去,从而让对方理解透彻。

善于聆听

优秀的谈判者要善于聆听。

为什么不是说服,而是聆听?有些人擅长口头表达,擅长以令人信服的方式影响和说服对方,在掌控谈话的过程中,他们往往很少给对方及其意见(或异议)保留空间。他们忘记或忽视了一个根本——如果对方知道自己需要从谈话中得到什么，那么解决办法往往源于对方说了什么。

谈成一项值得尊重的协议或交易离不开对方的配合。根据定义，谈判是一种双边或多边交涉，所以我们必须找出对方想要什么、需要什么。如果信息难以获取，你就开口询问；如果对方表现出冷漠、警惕或羞涩，你就设法与他们建立友好关系，也就是说，你和对方都需要投入谈判中。你还需要将路线图"投射"到谈判中，以开放合作的形式表达你的需求、意愿和顾虑。

在复杂的谈判中，例如参与项目的团队很多，而且项目需要所有参与者来推进，调动各方参与的最佳做法是发掘大量信息，听取所有利益相关方的意见。人们的参与度越高、贡献值越大，他们就越愿意为了实现最终结果而全身心投入谈成的协议中。协议的落实必然需要各方的行动，明白这点很重要。

美国大都会人寿保险公司（MetLife）企业私募部门主管詹妮弗·波坦塔（Jennifer Potenta）表示："聆听非常重要——有时你以为你知道对方的想法，但通过聆听，你才真正了解他们想要什么，才知道选择什么立场和方案来实现互惠共赢。"

沟通与坦诚

奥托·冯·俾斯麦（Otto Von Bismarck）的名言说明了

一个令人惊讶的事实："想要瞒天过海，就要以诚相待。"当今许多交易的背后隐藏着其他议程、暗箱操作和信息，而且人们都期望对方理解自己含糊其词的表达，也正因如此，坦诚才能够令对方卸下防备。如果各方之间的对话变得压抑、冗长或乏味，那么最好的情况是浪费时间，最坏的情况是导致严重的误解，从而令各方不悦甚至产生冲突。在家庭和职场中，这样的情况屡见不鲜。人们常常假定对方理解自己，于是当对方没有作出他们期望中的反应，甚至感到被冒犯时，他们会感到惊讶不已。始终要记得：

我不知道你想要什么，就无法帮助你得偿所愿，反之亦然。

一条经验法则是，如果你不谈及或不提出某事物，你就很可能得不到它。

遵循自己的路线图推进谈判，分享信息，把你的条件与对方的抱负（记住：绝不透露你的底线）引入对话，明确这些信息是否可谈，秉持开放与好奇的态度，将谈判视为一次（初次）讨论、一个起点。会面期间不要作出任何承诺，这样既能减轻压力，又能增加安全感。

会面期间，不对任何条件作出承诺，只进行假设性的讨论。这时候并非要敲定交易，而是在逐步打磨一份可能的协议。

会面目的及其运作

会面有三个目的（谈判是一个迭代过程，很可能历经多次会面）：

◇说出你想要什么，告诉对方你的目标和条件。

◇发掘对方的意愿、需求以及对他们而言有价值的东西，分析谈判背景，并进一步了解他们，例如他们可能顾虑的事物、可能感兴趣的事物，以及他们需要解决的问题。

◇发现潜在条件。

实际上，我们要通过会面来尝试绘制对方的路线图：摸清他们的目标、条件、抱负和底线，就像顾客不知道自己真正想要什么时，顾问会与他们一同寻找答案，或者直接为他们解答。

有趣的是，许多人倾向于"为对方着想"，于是会面的成果之一就是发现了可以转化为自己的条件的新信息。讨论和好奇心孕育着创造力和机会。在多元文化背景下的会面中，发现新事物的可能性尤其大，毕竟来自其他背景和文化的人对事物的看法有另一番见解。

结构

会面的阶段如下（图 6.1）：

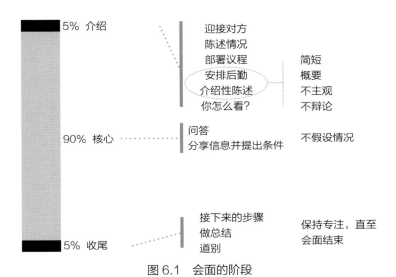

图 6.1　会面的阶段

◇介绍：

　　—部署议程

　　—安排后勤

　　—介绍性陈述

　　—对对方持开放态度

◇核心：

　　—问答

　　—信息分享

◇收尾：

　　—接下来的步骤

　　—做总结

　　—道别

介绍（5分钟）

会面的开场（营造安全感）与收尾（阐明所作的决定与此后的行动）是非常关键的两个阶段，需要把握好策略。开场介绍（非常简短）旨在为建设性的谈话营造安全感，要尽可能扫除灰色地带（如尚未讨论的事项、尚未提出的疑问、各方的潜在顾虑、他们是否另有所图等）。只有当人们感到安心舒适的时候，他们才会开诚布公，因此营造安全感非常重要，你甚至可以在选择谈判地点和日期时就考虑这一点（见第4章关于背景分析的内容）。

迎接对方

根据对方的文化习俗来布置场景、迎接他们，是非常重要的。在这个环节中出错或不讲道理会令对方感到些许不适，甚至可能损害你与对方的关系。

陈述情况

这时候各方都在场。你的身份是什么？你想让对方了解你的哪些信息？他们知道什么才符合你的利益？（你可能需要参考分析背景和路线图的信息板块）要记住：你所说的关于自己的所有信息都会影响对方对你的看法；你的话虽然不是唯一重要且有影响力的事物，但举足轻重，所以要明确你打算说什么。如你是否想透露你的职称、职能、资历、在当前组织的工龄、个人状况、国籍，以及你参与的志愿活动。此外，如果你是以团队的形式参与谈判，要记得向所有成员介绍其各自的职能以及他们要在谈判中发挥的作用。当然，最好别说"我是领队，X 是副领队"，可以说"我负责领导这次会议，我的同事乔负责做笔记和计时"。

部署议程

这时候要向各方说明会议时长，并且可能需要进行多次会议。大家明白无须在一次会议中完成所有事项后，往往其压力就会降低。始终有必要计时，如果情况复杂且更具挑战性，那么就更要计算好时间。如果会面时间超过一小时，要在途中安排短暂的休息并确保通知所有与会者。

安排后勤

哪些设施会让对方感到更舒适？会议的进行是否需要使用仪器、电子设备或纸板，或制定具体规则（另见第 8 章的在线谈判）？对于与会者出席的会议，你可能需要考虑座位安排以及桌椅（如果有）的形状和位置。例如，谁和谁坐在一起能够表明你已经知晓并尊重对方文化中的行为规范？在线会议中有关的后勤内容将在第 8 章的在线谈判中讨论。

介绍性陈述

这时候你告诉对方你的目标是什么，你想通过谈判实现什么，以及会议内容是什么。简而言之，你以某种开放的形式介绍你写（在路线图中）的目标，最好别说"我打算……"，而是说"我希望……"。你清楚地说明自己想达到或得到什么（记住，你的目标不可谈；你并非讨论目标，而是讨论实现目标的条件），然后聆听对方说什么。本质上，你是要了解什么能让对方满足你的请求。重要的是，在目标上表现出明确和坚定，在条件上表现出开放和灵活。你的目标越清晰，就越容易传达。

💡 **示例**

"我想与贵组织合作，因此今天前来讨论我需要达到什么条件才能加入你们的供应团队……"

"我们想请你们帮忙把食物和药品送到河对岸的难民营，因此前来讨论作为回报，你们需要我们做些什么……"

"这个项目需要你们团队的支持，我想谈谈我们如何就资源分配达成协议……"

> "我们的数据库需要进行安全性设置，我想知道要确保这件工作完成，我需要做些什么……"

如图 6.2 所示，立足点以上的空间是对方补充信息的空间，也就是对方参与谈判的空间。你可能想谈谈你为什么想要某事物，不过这种做法并非向来必要，也不见得是一个好主意（见第 3 章）。

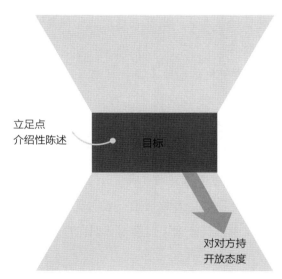

图 6.2　立足目标进行介绍性陈述

介绍性陈述的一些规则：

◇ 在开场白中，你不表明任何价值观，不说任何可能引起负面反应或任何其他反应的内容。换言之，你的开场白里不存在可谈的事物。

◇保持开场白简要、直接、明确且易懂。宁愿少说也不要多说。

◇不要为任何事物辩解。但如果某事物符合你的利益，你可以告诉对方一个你想要实现它的原因（写在图6.2漏斗的上部）。

💡 **示例**

"我希望与你们基金会建立合作，一同深入研究消除疟疾的生物信息学，因此我想谈谈你们愿意在什么条件下同意合作。"

"我们希望把信息技术设备转而进行外包，因此想与您谈谈我们双方应该达成怎样的协议来关闭数据中心，以及如何达成这项协议。"

在介绍性陈述中表达你的观点，并持开放态度询问对方："你怎么看？"然后开放讨论，表明现在你想听听他们希望从这次会议中得到什么（但愿对方明白自己想要什么）。

核心阶段占90%

核心阶段就是会议的主要环节。事实上，90%的会面时间都发生在这个阶段，其间有人提问、有人解答、有人分享信息。

会议核心阶段的第一条规则非常具有挑战性——"不假设情况"：不应该去构建一种情境，原因很简单，因为你不知道对方会对你说的话作何反应，也不知道他们会如何回答你的问题。如果你已经为这场谈话假设了一种可能的情境，那么你会倾向于以一种符合你假设的方式来解读对方说的话。你的聆听会变得有针对性、有偏见，带上浓重的滤镜，你甚至还可能提出操纵性的问题。

遵循路线图来进行会面，采取开放的形式进行信息分享，始终牢记目标、条件及其抱负。告诉对方你想要什么之后，就在对话中寻找机会来提出条件，阐明你的抱负。如果对方不知道你想要什么，他们就很难帮助你得偿所愿。比起坦白你的底线再尝试"爬上陡峭的山坡"，从你的抱负出发谈判再打磨出你愿意降低抱负的条件更为明智。记好路线图，择机谈论条件，并择机将它们捆绑起来。在对方没有专门提出要求时，不要将条件当作"购物清单"来提，例如，"您需要什么来建立实验室？""您需要什么来开展我们酒店的讲习班？"（详细示例见下文）只有在对方专门提出要求时，你才向他们罗列最合你心意的条件（如下示例中的路线图）。

> 💡 **示例**
>
> 某家公司想组织一个讲习班。他们问你："请告知我们，您对讲习班的后勤有哪些要求。"你向他们列出

理想的地点和后勤条件："最好是有一个大房间，里面备有桌子和 U 型椅、两张活动挂图、为每位学员准备的饮用水和姓名卡，以及一间休息室，里面再放一张桌子和六把椅子……"

这些内容可以写成如下路线：

条件	抱负
空间	一个能开窗的大房间
座位	每位学员一张桌子和一把 U 型椅
饮品	水（或气泡水）、讲师和学员喝水的玻璃杯，可以按日收费
材料	每位学员用的纸笔
	姓名卡
	两张活动挂图和彩色墨水笔
	胶带
	一块插钉板
休息室	一张桌子、六把椅子，和主室十分相似
桌子	每位学员一张桌子，带两把椅子
茶点	咖啡、茶、橙汁和小点心放在另一个房间
……	

当对方问你想要什么时，你就充分把握这个机会，注意别说"我想要……"，而是说"我希望有……"，"最好是

有……"或者"理想情况下应该是……"——表现出一定程度的灵活性。时刻注意对方的反应：不要视而不见，而要始终保持警醒和观察。

如果对方没有专门询问你的条件，你可以选择在看起来最合适的时机将条件引入谈话，确保抓住对方的（初始）反应。如果你表达了自己的抱负但却没留意对方的回应，那么你就不知道他们是否会答应，是否会给出模棱两可的回答，或者是否会明确回绝。在某些时刻，你必须知道对方对你所提的要求作何反应。所以要预留时间给对方作出反应，始终牢记，不同的人，他们的反应速度和方式也不同。例如，内向和外向的人处理数据和作出反应的方式不同，了解对方的性格特征对你帮助很大：有些人比其他人需要更多时间来处理信息和作出反应。一个常见的错误是把沉默理解为认同或厌烦。你想得到对方的答案，并且可以得到这个答案，而此刻不在会议期间，那么你可能需要礼貌地追问，或给他们一周的时间来缓冲。这一点在参加在线会议时尤其重要（见第8章）。

至少需要确保谈论自己认为最重要的条件和关键条件。并非所有条件都要提及（谈判的灵活性和力量在于条件的数量和它们对你的吸引力），但要确保谈论你最希望在协议或合约中看到的关键条件。最终协议可能包含你所有条件中的60% ~ 70%。

如果有一名或多名人员陪伴你进行谈判，要记得在与对方会面前，明确谁来领导谈判（领队）和谁来做笔记（副领队），以及两者如何在必要时交换职能。第 7 章的工具可以帮助你有条理地记笔记。

收尾（5%）

会议要以具体而谨慎的方式收尾，避免不确定性。要明确此后进行的步骤，做总结，写下所有经过讨论的事项以及何时安排下一次会议。

各方参与度的提高能激发他们投入更多（这是落实伙伴关系的基础，即使这可能需要较长时间来达成）。各方的实际参与度越低或感觉自己参与度越低，他们对最终协议的投入就会越少。尤其重要的是，每一方都必须支持最终协议。局势越明朗，人们感到失望、不悦或讶异的可能性就越小。

如果对方询问你的底线，你该如何回应

对方可能会问你心中有何底线（例如，"你能做到什么地步？""你的预算是多少？""你能接受的最低价格是多少？"），不要直接回答或告诉他们你的底线，而是继续推进你心中最理想的条件。如果透露了底线，你可能就再也无法向抱负迈进了。

如果对方提出的价值观低于你的底线，你只需回答："这

恐怕不行……如果我们可以灵活处理 X，您能接受 Y 吗？"

底线可以调整吗

在某些情况下，经过一次或多次会面之后，你可能会在分析经过讨论的条件和可能出现的新条件时，发现自己其实愿意降低底线。但无论如何都不应该在对方面前降低底线。在这个过程中，确保避开他人，只和你的团队一同探讨；分析路线图并记笔记，确保你不会因为调整底线而导致谈判失败；此外，相应地补偿你所降低的任何底线。

我们将在下一章学习更多有用的工具和建议，确保你在会面中为迈向协议铺好路。

要点总结

▷优秀的谈判者非常善于聆听，并且能在充分了解对方的基础上发挥才能，从而在谈判中有所收获，并给人留下深刻的印象。

▷善于聆听有助于建立信任和友好关系。这两方面在落实协议和鼓励各方投入协议方面必不可少。

▷会面是一个阶段性的过程，但绝不是某种情境——你根本猜不到对方会把你带入怎样一种境遇。如果你在心中认真假设了某种情境，那么你就会更倾向于将对方套入你事先假设好的情境，而不太留意对方真正传达了什么。

▷目标在你心中越清晰，沟通起来就越容易。

▷确保在会面前养精蓄锐，在会面时全神贯注、保持警觉。任何时候，都要表现出你的利益与对方相关，同时不要忘记你的目标。始终牢记你的行动所要遵循的路线图。

▷会面不是为了说服对方并赢得争论，而是要找出你能够敲定协议的条件。

▷自始至终，利益都至关重要。如果任何一方的利益脱钩，他们就会退出谈判。这一点适用于所有牵涉方，包括你。

▷时刻牢记："我不知道你想要什么，就无法帮助你得偿所愿，反之亦然。"

07

会面时使用的工具

在本章中，我们将学习：制定完路线图之后，如何遵循它与对方交谈，找出对方想要什么、需要什么以及他们所采取的立场。你遵循路线图而进行的表述会在很大程度上影响对方对你的理解与接纳，这种做法能帮助你通过语言等沟通方式来开启双边交涉，也就是说，你并非在强加观点于对方，而是在与对方谈判。

本章将首先分享一些关于传达路线图的见解，然后介绍一些简单直观但功能强大的沟通工具和聆听技巧，帮助你顺利地进行会面。接着，本章将讲述在沟通中采取什么态度对谈判的帮助较大，并重点介绍与谈判息息相关的非暴力沟通。这些内容将帮助你了解构建良好人际关系的更多因素：懂得如何沟通，对谈判的成功会起到很大的推动作用。最后，我们将探讨肢体语言、非语言和次语言的沟通，它们对信息的传达和各方的感知影响甚广。信任是通过非语言沟通建立的，是推动持续谈判的齿轮。本章将在最后列出与对方会面时需要牢记的建议和要点总结。

如何传达路线图

我们无法决定某条信息对于对方而言意味着什么，也无法控制他们会如何理解这条信息，这都取决于信息接收者。我们也不可能控制信息接收者产生的任何反应、感受或想法，但我们必须清楚自己要传达的信息，对它保持敏感，思考它是否可能偏离我们的意图，并注意它可能收到的反响。

在会面期间发言时，要从小问题切入，最好是简单的小问题，用试探性的语言把意图和结果分开传达。避免絮絮叨叨或刚愎自用，绝不要放弃希望或采取攻击性的行为或措辞；任何时候，无论你感到多么沮丧，都要保持开放合作的态度，让彼此感到自在，并始终记得：探讨时并不一定要作出承诺。

与意见相左的人交谈时，你越是想大力说服对方，他们就越可能抗拒；而你的建议越是试探性地委婉表达，他们就容易接纳。

切勿威胁或指责对方，否则他们就会失去安全感。如果对方沉默或表现出攻击性，那么说明他们没有安全感，这时候可以采取一些办法来重建他们的安全感，例如表现出好奇（提问）和耐心（从容不迫）。换言之，正如人们的普遍想法：不要生气——保持好奇；时刻记得，你聆听对方不是为了去作出反应，而是为了去理解。

在明确自己想要什么时，要保持专注和坚定，不要模棱两可，否则会影响创造力的发挥。鼓励对方发言最简单、最直接的方法，就是真诚地表现出你感兴趣的态度，让他们表达自我。要做到这一点，就得意识到你需要对方，并且他们是你的机会。这样一来，你表现出的兴趣就是真诚的。

任何时候，对方提出一个与你的某个条件抱负相去甚远的数字时，都要冷静地面对（表7.1）。

💡 **示例**

思考关于桌子价格的讨论。买卖双方都把价格作为条件。

表7.1 买方与卖方关于桌子价格的抱负和底线

条件	抱负	底线
买方所提价格	300 英镑[①]	450 英镑
卖方所提价格	500 英镑	250 英镑

如果买方说"我想以 300 英镑的价格买下您正在出售的桌子"，卖方的回复应该类似"我很高兴您有意向，可是我原本希望卖个更高的价格。实际上，我希望能卖500 英镑。"注意，卖方用了过去时，表明他愿意让步。

---

① 1 英镑 ≈ 8.96 元人民币。——编者注

那么这时候，买方可以顺势进行试探性提问："要是我今天就用现金付款并自己提货，您愿意接受 300 英镑的价格吗？"

由此可见，买方在争取实现自己的"抱负"，同时还提供了两个条件（现金付款和自己提货），直接试探和明确卖方的利益，让卖方接受让步，接受买方的开价。

如上一章所述，交涉时，要根据抱负来表述目标和条件，并注意探索对方的潜在条件，在其中找出你能满足的那些（来换取你想要的事物）。如果对方的某些条件对你而言成本低廉，但对他们而言却价值不菲，那么你就很幸运了。例如，自营平面设计师可能开出高价购买在其网站上使用知名客户徽标的权利，出于营销目的，展示自己曾为该客户提供服务。这笔交易对客户而言很划算，所以他们比较容易接受。

谈判者的工具

有些沟通工具有助于提高会面的收益和效率，从而提高谈判的质量。以你个人的风格、创造力、语言和沟通方式来规划这些工具的使用，在下表中写下你预备如何使用它们。在整个谈判过程中，要始终保持开放合作的态度，不要催逼对方达成协议和持续投入，而要逐步推进可能达成的事项。时刻注意发现对方的需要和利益，要记得：聆听不代表接受！

问题可以分为几类：

◇**公开提问**：邀请对方多表达自我、多分享信息。

- 诚信研究对你而言有何意义？
- 你希望如何进行你的项目？
- 你认为应该如何组织部门工作？

◇**私下提问**：提供简短的回答。

- 是否需要投影仪？
- 是否需要笔记本电脑？

◇**复述提问**：要让对方提供更详细的描述，可以重复他们说的最后一个词，并且音调稍微抬高。

- A说："我正在开发一种新的U盘。"B复述提问："U盘？"
- A回答："对，这种技术……"

◇**试探提问**：试探在某个条件达成一项协议会如何，试探是否存在潜在的积极结果。

- "如果我们能对价格达成一致，八月底能否成交？"
- "如果我们能在六月底获批，您能否在八月底交货？"
- "如果我们能给出理想的预算，您愿意当我们的主讲人吗？"

◇**回归提问**：当对方谈论自己不想要什么，或者不清楚自己的需求时，帮助他们解决问题，专注寻找解决办法。

– "您想（在这种情况下，从我这里）得到什么呢？我能提供哪些帮助？您对此有何看法？"

– "您需要什么呢？"

– "如果您不想要这些，那么您想要什么呢？"

聆听技巧

歌德（Goethe）称，说话是生活的必需品，但聆听却是一门艺术。善于聆听是谈判的基础，因为通过发挥聆听技巧，我们更容易理解对方话中的含义（他们的话并不总是表里如一），更容易发现他们没有透露的信息。聆听对方说的话，观察他们的反应，发现他们尚未提供的信息，都有助于摸清影响谈判的因素。多数人聆听的目的是作出反应而非理解对方，因为他们把大部分注意力都用来思考要回答什么。换言之，多数人总是只关注自己。善于聆听，表现出感兴趣的态度，会激发对方与你交谈并吐露更多信息的意向。想要鼓励对方分享重要的信息、透露自己看重的事物或面对的重大问题，就要发挥强大的聆听技巧。

优秀的聆听者遵循五条黄金法则：

1. **不要一心多用**（例如，当你与对方交谈时，不要被电话、短信、闲聊信息或电子邮件干扰），只能记笔记或专心听别人说话。

2. 保持好奇，并表现出好奇。 确保对方看得出你正在全神贯注聆听他们说话。

3. 保持专注。 对方说的某些非语言内容或不经意间的措辞往往会透露出值得你询问的有趣信息。

4. 聆听是为了理解，而非反应或反驳。

5. 时刻记得你需要对方，这场对话是你了解他们及其意愿的最重要手段。

积极聆听

良好的沟通离不开反馈，而反馈也可以是积极聆听——这首先是一种态度，旨在让对方感觉到自己正在被聆听。表现出积极聆听的方法有很多，我曾经说过："如果你认真聆听，就做不了其他事了。"

积极聆听的表现如下：

◇专注。表明你的注意力在对方身上（使用肯定的措辞，用点头等肢体语言示意）。

◇复述对方的话，巩固你的理解，进行总结。

◇表露你的兴趣，保持好奇，提出疑问，使用本节所述的工具。

◇真心诚意。

◇用肢体语言来表现存在感，但要注意眼神接触和身体距离。在许多文化中，眼神接触往往代表威胁或违抗（有趣的是，动物之间也是如此），因此了解清楚对方的文化规范非常重要。

应和

应和对方也是积极聆听的一种表现，是提供反馈和回应沟通的一种方式。

"你的话听起来真的很沮丧、很受伤……"

"我看得出你很生气……"

应和并不代表认同。应和是要确保对方知道他们的话入了你的耳，并且他们的反应或情绪也得到了你的注意。应和往往是化解攻击性的重要手段。如果某人重复自己说的话，那就代表他感觉自己说的话没有引起对方的重视。例如，当你看到孩子哭着回到家时，试着应和他们的难过，而不是直接发表意见。

复述和改述

复述对方的话能够很好地表现自己听到了他们的话，以及检验自己是否理解他们的话，从而可能得到对方的更正或澄清。

简要地复述或改述对方的话：

"如果我的理解没错，制作演示文稿的技术对您来说很重要，您想要传达的信息是……"

"所以您的意思是，希望我们能在 24 小时内提供自动化的售后服务。"

沉默

沉默是暧昧而强大的工具！如果某人陷入沉默，其中存在多种可能，而强行解释往往与现实不符。对方沉默时，是在思考吗？是在分析你刚才说的话吗？是因为无聊吗？是在盘算怎么回答吗？是在神游吗？是在放空吗？是因为心烦意乱而说不出话吗？如果对方在虚拟会议上陷入沉默，是由于技术问题还是心情不悦？

你在沉默时，不会给出理由或解释，不会争论自己的观点，不会去说服对方，不会说可能让你后悔的话。沉默胜于雄辩。此外，沉默等于给对方留出空间，让他们填补这段空白，甚至让你有更多时间思考。只有在沉默时，你才能聆听对方，让对方有机会发言。

沉默是促进对方发言的强大手段，并且沉默过程中，要保持一定的面部表情和眼神接触（即专注、感兴趣、微笑、友好）。不过，要对沉默感到自在往往不太容易。要多加练习如何精练表述和保持沉默（即便是常规的三秒钟沉默）。

滔滔不绝可能会不小心泄露自己希望保密的信息。还要明确一点：沉默因人而异。例如，性格内向的人往往会花更多时间在沉默中思考，而性格外向的人通常会一边说一边思考。

副领队的工具

以下四个工具可供副领队（如果有）使用，也可以在你单独进行谈判时供你使用。

再塑谈判

谈判可能偏离主题。如果发生这种情况，要"再塑"谈判，提醒大家会议所要探讨的内容，礼貌地请他们回归主题。

记笔记

记笔记很关键。写下谈判讨论的要素、各方的立场、种种事实和价值观等，能够为之后提出方案铺路。这是副领队的一项重要任务。笔记必须内容真实、字迹清晰，而且落笔要高效。笔记可以用来做总结，还常常用来构思方案。记笔记其实类似于重新构建对方的路线图。记好谈判中提出的所有价值，如果这些价值不如你所愿（即达不到你的抱负），看看它们是否可谈。

总结

总结非常有用，它能：

◇检验你是否理解对方的话，并让对方有机会进行纠正或补充。

◇放慢节奏，给彼此提供思考的时间。

◇以礼貌的方式掌控即将失控的谈话（例如在一方愤怒或情绪激动的情况下）。

◇保护谈判进度：一次会议结束后，你可以在下一次会议上从之前做过的总结继续推进。

◇重塑讨论内容。

在会面结束前通常要进行收尾，方案则是在这时候提出（见第 10 章）。

总结应该分点进行，即不说多余的话，不发表意见，不罗列已经提及的种种论据或理由，仅仅陈述已经发生的事实（表 7.2）。设想你需要发送一封电子邮件，而每个单词都要花钱输入，那么你就会非常谨慎地选择输入什么。此外，要注意措辞。总结是不带感情色彩的，所以任何一方都可以总结所有已经发生的（你和对方的）事实。如果需要，可以让对方进行补充或更正。总结通常需要一方阅读笔记来进行，这样有助于确保内容准确完整。在会议进行中，每隔 15 分钟可能需要进行一次简短的总结。始终牢记，总结内容可能不会记入笔记，所以也很可能不会加入最终协议。如前所述，如果你的谈判团队有副领队，就让副领队做总结；如果没有，那就由你来进行。

表 7.2　会议总结

对方的目标			
对方的条件	对方的价值观 +（可能是他们的抱负）	对方的价值观 -（可能是他们的底线）	我的反应我的意见
对方的问题			
其他意见			

提出中场休息

　　什么时候应该休息？为什么休息很重要？每次会议时间较长都要有一定次数且规律的中场休息，应对方要求进行或者在必要时提出，例如当你感到疲倦或厌烦、需要澄清想法、展开私下讨论、寻求更多信息、检查数据、审查策略、制定报价时。如果你发现对方看起来有些倦怠，可以提出休息。如果你有副领队，那么提出休息的任务就交给副领队。同时，任何人都可以在自己认为必要时提出休息。

留意对方的表现，当对方明显看起来倦怠、厌烦或注意力涣散时，不要试图推进议程。在线举行会议时，这一点尤其重要（见第8章）。休息时，要更换场所并保持谨慎，确保没有把私人文件遗留在开会场所。你的活动挂图、废纸、路线图中包含很多信息，包括明确的底线。

其他谨记事项

以下注意事项也对会面有所帮助。

谨防假设

人们难免会去假设或判断情况，而这些都是谈判的隐患：在聆听过程中，人们往往会根据自己的想法来"过滤"他们所接收到的信息。有时人们很容易假设自己"知道"对方的意思或感受，抢先一步去补充对方的句子，或者在对方说完之前就想好了自己的下一个问题或回答，从而遗漏或误解对方话中的含义。因此，要始终谨防假设。

关注事实和周遭的信息。提供意见时，说明这是你的个人看法，以防对方把它们与事实混淆，例如："在我看来，谈到性别平等问题时，一些管理者会哑口无言。"划分事实与结论并不容易，但极为重要。用事实来论述要困难得多，我们将在后文讨论非暴力沟通时讲述到。事实是具体、客观、可验证的。人们下结论的话语或行为发生得较为轻率，例如，"乔不信任我"，这是结论，并非事实。事实不存在争议，陈述事实是一种稳妥的开局方式。事实比主观结论更具说服力。

沟通方式和态度

每个人都有自己特定的沟通方式，这是他们性格的组成部分。世界上不存在"不偏不倚"的性格。文化是影响沟通方式的重要因素。无论你习惯或采取哪种沟通方式，它们都会对你的听众产生相应的影响。你越了解自己的沟通方式，就越容易在必要时自我调整。例如，如果你通常倾向于争论自己的观点，你就很可能妨碍有益的讨论。正如作家艾尔·斯维茨勒（Al Switzler）、约瑟夫·格雷尼（Joseph Grenny）和罗恩·麦克米兰（Ron McMillan）所述："求胜会扼杀对话，求胜心会使我们歪曲事实，诡辩细节，在对方的论点里挑刺。"正如本书第4章所述，专家往往争强好胜。扼杀谈判最快的途径就是直接让两名专家面谈，因为专家的职能遵循真理，而谈判者的职能遵循利益。在这种情况下，问题仍然存在：重要的是得到你想要的事物（包括建立交情，而这段交情能确保你们之间的合伙关系得到对方的尊重），还是在辩论中取胜？我们应该摒弃争论的心理，审视我们自身的问题，以及我们的行为可能造成的破坏。保持谦虚，认识到自己无法垄断真理，也没必要时时刻刻取胜。谈判的目的不是要说服对方相信你是对的，而是要找出实现目标需要做什么。持开放、灵活、自信、合作的态度，有助于他人采取适宜的沟通方式与你交涉。

模棱两可、犹豫不决

避免使用模棱两可、犹豫不决的措辞（"我希望……再多一点""我想的是……更少""也许……""类似……"），因为它们太笼统，不利于谈判成功。与其要求"提高薪水"或者"延长假期"，不如提出具体数字。谈判时，不要在任何事项上留给对方想象或假设的余地。例如，别说"你能灵活工作一周吗？"而要说"要是你能轮班工作一周，早上 7点上班，下午 3 点下班，在第二个星期早上 11 点上班，晚上 7 点下班，那就再好不过了。"

只有提出精准的要求，才会得到精准的回答。表述含糊不清，等于让对方来解释你未指明的请求，他们当然乐意根据自身利益而非你的利益来作决定（过滤掉不符合他们利益的东西）。提出精准的请求并不是咄咄逼人，而是开门见山。

◇双方不该因为利益不同而发生冲突。

◇不认同不等于不尊重。

◇聆听不等于投降。

◇理解不等于接受。

谈判中双方说过的话和尚未透露的信息都有其含义，也都会产生后果，包括措辞、肢体语言、面部表情和语气语调。因此，要确保自己表达的含义最符合自己的利益。明确认识到这一点能够强化你的影响力，令你作出良好的反应，并更好地适应周遭事物或对方态度的细微变化。微观行为在建立信任方面发挥着重要作用（关于微观行为及其影响的更多内容，见第9章）。

沟通技巧中最重要的就是善于聆听，这些都是在谈判中取得良好且持久成果的基础。其中的难点在于，当我们投入了大量精力，进行了深入思考和分析，对自己真正想要实现的事物有了清晰的认识后，我们难免掉入一个陷阱：去说服对方相信自己想要的东西是重要且正当的。但是如果我们选择开展双边交涉或多边交涉——谈判，将另一方纳入考虑，那么我们就会去关注并了解他们的需求，即便他们没有明说。因此，这个过程有时需要多一些时间。

有些行为模式和沟通模式对谈判特别奏效，相关的优秀书籍和课程不胜枚举。本书的目的不是深入阐述这些知识，而是分享一些能够在会面期间帮助你的技巧。

有益的会面模式：非暴力沟通

马歇尔·卢森博格（Marshall Rosenberg）发现，误解和冲突发生的原因是许多人不知道如何充分表达自己的需求或情绪。他以谈判为背景提出了几个值得学习的观点。

"我"和"你"

你的说话方式会影响对方的反应。遗憾的是，当人们心烦意乱时，往往会在指责中使用"你"字，例如："你都没洗干净""你放错打印纸了""你从来不听""你总是我行我素"。"你"字往往会使对方下意识产生抵触，有时甚至会挑起对方的攻击性。这种指责性的泛论会迅速激发对方的防卫心理，效果往往适得其反，使情况恶化。指责可能会导致类似于以下的内源性思考反应过程："哦，既然我总是这么懒……那我又何必去改变？反正乔永远不会相信我能成事。"

千万要避免两点：

◇指向明确地责备（例如"你真懒"）。

◇使用泛论（例如"你从来不听""你总是在小组会议上迟到"）。

必要时，例如，当你想提供反馈或分享顾虑时，要关注自己的感受，及时用"我"字来表达个人感受（例如"我感到难过、沮丧或困惑"，如下所述），并注意可观察到的普遍事实，而非你的结论或想象，因为结论或想象解释起来因人而异。

卢森博格详述了一个表达个人感受与提供反馈的四步模式。

1. 陈述事实（并非结论、假设或泛论）。

2. 陈述你的感受（即发生某件事时你的情绪，这里就要用到"我"字了，例如"我感到生气、失望或沮丧……"）。

3. 陈述你的需求。

4. 提出具体请求（并非要求）。

💡 示例

设想你正在对你十几岁的孩子抱怨：

"你总是在我们吃晚饭的时候打电话！你电话另一头的朋友整天'和我们一起吃饭'呢，我都没有机会跟你说上话，还有完没完了？"

尝试换一种方式：

"这三天晚饭以来，你经常打电话，这让我不太高兴。我为准备晚餐花费了不少时间和精力，希望能得到你的感谢与体谅，所以我们吃饭的时候，能不能放下手机呢？"

在正式的场合中，你可能不想谈论自身感受，而是去关注某个事实产生的影响。

💡 **示例**

"我注意到，你在最近三次实验室会议上都迟到了15分钟（事实），那么我们就需要另外花时间来让你跟上讨论的最新进度，从而延迟了……（影响）"。

"豺狼"和"长颈鹿"的耳朵

卢森博格曾谈到人们在沟通时会遭遇许多陷阱，导致沟通受阻、关系破裂，我们在谈判中应该避免掉入这些陷阱。

卢森博格使用"豺狼"和"长颈鹿"的耳朵来比喻人们在听取他人发言时处理信息的方式。

简而言之，"豺狼"代表批评、审判、唠叨和怨恨的态度，"长颈鹿"则代表一种微妙的解读手段，以跨越情感来理解话语背后的需求（认识到在每种情绪的背后都存在尚未表达或尚未得到满足的需求，而对方正在以一种挫败的方式表达这个需求）。

卢森博格说，每个人在交流时都会用上四只耳朵来听取种种逆耳之言：

◇**豺狼的内耳**：听取所有批评，将这些话视为针对其个人的负面意见，或是把对方说的所有话当作自嘲，例如："我没用，我太轻率了，我永远不会明白，我……"，即"问题出在我身上"。

◇**豺狼的外耳**：对对方传达的多数信息持批评态度，例如："乔总是抱怨，乔从不快乐，管理丝毫没用，政府没有履行职责……"，即"问题出在对方身上，或者对方本身就是个问题"。

◇**长颈鹿的内耳：**从对方的话语中听取自己的需求并适当地解读，例如："她说自己需要静一静的时候，我感到很忐忑，所以我需要确认她这么说是不是因为我问了太多问题或是说了太多话。"

◇**长颈鹿的外耳**：感受对方话语背后的需求，认识到对方的情感没有完全表露，例如："同事冲我发火时，我感受到他内心深藏着怨愤，但这种情绪不是冲着我本人来的。"

这些理论看起来简单，我们能够读懂并深入学习，但要落实到行动中就没那么容易了；使用"长颈鹿"的耳朵来聆听对方说话，并且避免用**"你"**字来诟病对方，那么沟通起来就会更加顺利和高效。

语言、非语言和次语言沟通

正如沟通理论家保罗·瓦兹拉维克（Paul Watzlawick）所述，沟通成就万物："沟通是无法一个人完成的。"沟通的方式多种多样：无论是语言、非语言还是次语言的沟通，沟通的信号和信息必须连贯。如果你表达的内容和方式之间存在差异或者不连贯，对方会有所察觉，并会作出相应的反应，即便他们可能没有意识到。要通过沟通来了解对方而非控制对方，并且要不断审视自己：是否传达了自己想要传达的信号和信息？关注你的说话内容和方式、你的身份、你表现出来的一面，以及你没用语言传达的信息。

语言、非语言和次语言沟通的特征

语言沟通就是实际说出的话。

非语言沟通是一种无声的交流方式，包括以下组成部分：

- 手势
- 表情
- 姿势（关于姿势的更多信息，见第 9 章）
- 使用空间和移动的方式
- 服装和配饰
- 眼神接触
- 微笑

次语言沟通则是表达方式：

- 语调和语速

- 沉默

以上所有沟通方式可以组合成我们自己的特色，并且要连贯。如果你感到对方说的话不协调，例如对方传达的非语言信号和语言表述不相符，那么对方可能另有所图，或者当下存在令他们感到不安或烦恼的事物。要记得，如果你试着通过对方的沟通方式来解读他们，那么他们也会反过来通过你的沟通方式来解读你。

众所周知，在口头沟通中，非语言的表达往往比语言的表述作用更大。阿尔伯特·梅拉比安教授（Albert Mehrabian）以研究非语言沟通的影响而闻名，这些沟通包括面部表情、语调和字面意思（如你是否喜欢某事物或某人）。梅拉比安的早期理论著作和实验表明，非语言沟通能够表达情感，特别是当一个人所说的话和其同时传达的非语言信号（如语气或面部表情）之间不相符的时候。梅拉比安发现，当话语和面部表情不相符时，人们往往会相信对方脸上的表情，而不是对方所说的内容。

在探讨情感或态度方面，梅拉比安的理论特别适用：

◇人们实际说出的信息占 7%。

◇次语言（副语言）传达的信息占 38%。

◇面部表情传达的信息占 55%。

　　表达的方式会比实际说出的内容给人印象更深刻。梅拉比安的理论解释了沟通中的情绪，对谈判尤其重要，十分值得我们学习。也就是说，在我们向对方传达的信息之中，非语言沟通占比高达 90%。身份、感受、微观行为、表情和语调（语气）都是交流的重要组成部分，身体语言和面部表情就传达了大量信息。你的微观行为等非语言信号和语言内容之间越协调，对方就越容易信任你、越容易感到安心，而这两点是有效沟通的基础。

　　人们更喜欢那些看起来表里如一的谈判对手（因为人们能够通过其说话的语调、做事的激情、面部的表情或随意的动作来判断他们的内心情感）。沟通技巧不仅仅考验文字功夫，还要看说话人的语气如何，以及他们能否赋予文字感染力。如果你的目标能够鼓励你、对你而言意义非凡，那么你自然会把它有力地贯穿于谈判的始末，令对方深受感染。此外，如果你真心想要实现目标，并且坚持朝它奔赴，那么你的信心会增强，你的总体态度和行为举止也会表现得更好，而这些都会向对方传达出强大明确的信号。

　　人们时常忽略语调对语言的作用。这会对人们的心态产生影响：我们要表现出（并且做到）自信、放松、自在，并且专注于目标与谈判。我们的一举一动都落在对方眼中，因此不容小觑。如果你对"做什么"或"怎么做"心存疑虑，始终记得问问自己："这么做能最大化我的利益吗？"这个问题回答起来可能有些困难，而且需要充分的自我认知，例如，明确你的真实意图。

在谈判时密切注意对方，留意并观察他们的沟通方式能够帮助你建立优势，并帮助你判断某事物是否可谈，或者已经明确的底线实际上是否可以调整（例如，通过对方犹豫了、做出了不协调的面部表情，或是担忧地望向同事等信号来判断）。但要记得，别去假设，而是始终质疑并验证你的判断。

💡 **示例**

在与大家讨论执行服务水平的协议时，如果你感到犹豫或忐忑，你可能会说："在我看来，服务水平是一个复杂的议题，需要更多时间来讨论……，你们还有什么想要补充的吗？"

要成为一名优秀的谈判者，把握姿势也很重要，因为姿势是时时刻刻可见的。我们无法，也不应该假装具备某些经验或专业知识，但可以假装出一定程度的自信，这一点会对谈判有所帮助（关于这方面的更多信息，见第 9 章）。

非语言和次语言沟通依赖如前所述的文化（见第 4 章的背景分析）。因此，要确保在分析背景时尽量充分地了解对方的其他文化偏好的交流方式，从而让对方感受到你的聆听与尊重。人们很容易因某种看似不尊重的行为感到不适，而实际上，这种行为可能只是一方缺乏相关知识或理解不到位的表现。例如，来自某些文化的人向来较他人反应更迟钝，来自另一些文化的人总喜欢板着脸……人与人之间的差异不胜枚举。

英国广播公司（BBC）发表过一篇有趣的文章:《为什么对视的力量如此强大》（*Why Meeting another's gaze is so Powerful*），其中指出，人们会在对视中感知对方。例如，西方人认为眼神交流丰富的人通常更聪明、尽责和真诚，因而这样的表现更容易获得西方人的信任。当然，过多的眼神交流也会使人感到不适，直勾勾地盯着对方不免令人毛骨悚然。

要点总结

▷在整个会面过程中，要记得你需要对方。因此，要尽可能多地了解他们，包括他们喜欢什么、需要什么、看重什么，对他们而言重要的是什么、他们的顾虑是什么，这样才能最大化你的利益。你越了解对方，你们之间的沟通就会越顺畅。了解对方最好的方法是直接询问。

▷明确自己打算说的话和想要实现的目标。使用路线图，始终牢记目标。你的准备越充分，你就会越笃定、越能发挥创造力，而你传达的信息也就越有力。

▷简要明确地向对方陈述你希望从谈判中得到什么。要表现出乐意合作的态度，并且愿意探索灵活的选择。不要指望对方能猜中你的心思。自信地发言，开明地看待对方的意见，并记得不要在会面期间作出承诺，这样应该可以减轻你的压力，也可以减轻你有意或无意给对方造成的压力。

▷切勿假设情况，例如在脑中跟自己对话："如果对方那样说，我就这样回答；如果对方提到那件事，我就……"这些假设会影响整体讨论动态和你对对方话语的解读。

▷要记得，如果对方不知道你想要什么，他们就无法帮助你得偿所愿，反之亦然。要开启各方之间的"交换"，信息分享至关重要（不要光想着说服他们单向满足你）。

▷了解某人或某种情况的最佳方法是直接询问，而非私自假设。要提出疑问，尽可能把情况厘清。

▷不要为你的观点或意愿进行辩护，也不要为其道歉。有时你可能想要解释某种立场或观点，但辩护往往让对方感觉你有所过错，所以才需要去辩护。与意见相左的人交涉时，你越是想要说服对方，他们就会越抗拒；而你的态度越委婉，他们就越容易接纳你的看法。只要你说话的分寸拿捏得当，就不太可能遭到对方诟病。在分享观点前要仔细斟酌，这些观点会不会使你陷入无益的辩论。避免开玩笑，因为玩笑的效果可能适得其反甚至伤害对方。

▷有几种简易而强大的沟通工具，可以在语言、非语言和次语言沟通中派上用场，帮助你有力地向对方传达信息与信号。但别忘记，你传达的语言和非语言信号要一致。

▷ 避免使用卑微的措辞（如或多或少、几乎、类似、好吧……），要以有助于建立信任的方式来传达非语言信息。

▷ 遭遇困难时，注意观察情况，并保持专注与耐心。要记得，发挥创造力并持开放态度才能创造机会，而执迷不悟只能画地为牢。

▷ 在会面中，绝不要去让任何人感到难堪、羞辱、愤怒或是去低估任何人。人们在遭遇此类情况时，最常见的反应是自我封闭、退出交涉甚至做出攻击性的行为。如果对方表现出愤怒、攻击性或沉默（退缩），最好的做法是保持耐心和好奇心，确保先帮助对方找回安全感，再推进谈判。任何一方生气时，可以提议暂缓谈判。永远不要在愤怒中谈判。时刻注意观察当前是否有迹象表明对方的信任或安全感出现裂痕。

▷ 与对方建立融洽的关系非常有助于推进谈判，因为人们更愿意聆听自己欣赏或认同的人。仔细留意那些"看似无足轻重的措辞"，因为它们背后的信息量可能很大（哪怕是"嗨，你好吗？"），这些内容传达的信息往往令人意外，例如，它们可能代表了确认或认可，明确这些对于建立关系很有帮助。

▷时刻牢记，对方是一个机会。鼓励对方表述事实、感受与见闻，并仔细聆听他们说的话。这可能需要一些时间来实现，因此要保持耐心。

▷如果你已经完全按照本书来行事，但对方仍然不想谈判，那么谈判就不可能发生。谈判是值得坚持的，至少试着开启谈判，别气馁，要培养韧性，并持续表现出尊重的态度。要坚信，路就在前方，解决办法很快就会出现。提醒自己，曼德拉也是凭借其韧性披荆斩棘的，他深刻认识到，在成功之前，看似难以克服的障碍总是不可避免的。在某些时候，对方总要加入对话。如果此时他们没有发言，就代表他们目前对这场讨论没有兴趣，但将来可能会再次出现与他们对话、开启谈判的可能性。伊丽莎白·吉尔伯特（Elisabeth Gilbert）在其著作《不可思议的魔法：克服恐惧，创意人生》（*Big Magic: Creative Living Beyond Fear*）中写到一个事实：在事情变得困难或停止产生回报的那一刻，许多人会选择放手或放弃，任其发展。具备韧性，我们就不会因为没有尝试或过早放弃而后悔莫及。

08

在线谈判与在线会面

本章探讨在线谈判过程中工具的使用及其影响。2020年新冠疫情暴发，在线谈判便开始受到更多重视，媒介传播逐渐成为全球信息交流的一大特色——人们无须亲临实地，也能与他人交涉。

在线会面有哪些优缺点？谈判者露面与否有哪些影响？人们能否通过电子邮件和电话短信进行谈判？使用网络应用程序召开会议时，我们需要考虑哪些因素？本章将对这些问题提供一些见解。

本章不包括电子谈判和包含决策系统的相关工具（ENS，电子谈判系统）。这类系统的用处主要在于，随着谈判情况越发复杂，人们难免在理解和评估所有可能的解决办法时遇到问题，并且在较为复杂的情况下处理过量的信息。

本章所述的在线谈判主要是指部分（即混合形式）或完全通过电子媒介进行、使用电子媒介通信手段（EMC）进行的谈判，如使用安装了视频会议或电子邮件等应用程序的计算机。因此，本章着重讲述如何将实体会面简单有效地转化为在线会面，并将两者之间的差异最小化。

媒介传播还包括电话和短信等即时消息。在线谈判关乎个人能否恰当且有效地使用这些通信技术，哪怕你对数字文化较为陌生，本章介绍的技巧也能为你指明方向。

本章将首先介绍在线谈判兴起的背景。接下来，讲述如何使用视频会议、电子邮件或在线聊天工具等 EMC，并探讨哪些 EMC 工具分别适用于五步谈判流程的各个步骤。要使技术渠道支撑的在线谈判实现最大化的效率和成果，我们就需要考虑其特殊性。

在线谈判有许多优点，例如节约了差旅成本，而且比实地会面组织起来更容易，但我们也要认识到其中存在的挑战。我们将在本章探讨在线谈判的一些难点以及如何明智地使用工具。本章还将介绍谈判中电子邮件的特征与弊端，并在最后专门总结在线谈判时需要牢记的一些优势与挑战。

为何在线谈判日渐盛行

2020 年初新冠疫情暴发，颠覆了人们经营、合作、谈判与沟通的传统模式，加速了数字化进程。人们在业务中频繁地使用信息技术和 EMC 来取代以往的实体会面，对在线谈判越发依赖。2020 年因而迎来了互联网革命的新浪潮。电子通信手段的普及率创下新高，许多人已然认识到，能否适应在线谈判甚至关乎企业的存亡。目前人们普遍认为，远程办公或将成为信息领域众多从业者的长期趋势。数百人同时参与互动的多视频会议问世后，商业前景面临着变革。

随着互联网和 EMC 技术的日益普及，过去许多年来的大量谈判已经用上电子通信手段来规划会议、部署议程、发送总结或详查情况。作家莫林·古尔德汉姆（Maureen Guirdham）在相关研究中指出，网络工具尤其是高画质视频会议应用程序被广泛使用，比起电话或电子邮件等形式，人们更喜欢彼此露面的谈判。古尔德汉姆认为其主要原因是，人们能从面对面的交流中获得即时反馈、观察到种种迹象、使用自然语言，产生误会的风险比其他任何形式的交流低得多。而高画质视频会议应用程序正在实现面对面交流的优点，通过将声音与画面相结合，人们得以一边看着视频中的对方，一边聆听或发言。在谈判者彼此露面的视频会议中，人们通过画面来建立关系，而这在备忘录、短信和电子邮件中是无法实现的。

组织、公司和政府的人士都需要会面、讨论、谈判与合作，无论是实体进行还是在线进行。为了继续发展经济、政治与社会，人们要像以往一样促进互联互通，在线下与线上展开谈判，建立伙伴关系并达成合作。例如，在 2020 年春天全球第一波大封锁期间，英国脱欧的谈判仍在继续，尽管效率可能不高；此外，科学界、高校学术界、制药公司和政府也在围绕新冠疫苗的定价与分销展开谈判。

在许多群体之中，电子会议都在迅速普及。人们工作、生活的转型已是生存所需。不过，这种新的运作方式需要人们具备较高水平的数字技能，并非所有人都能够满足这个条件。当今人们的往来接触与旅行已经大幅减少，而我们迎接这场转型，同时认识到其弊端，不失为一番别样体验、一种求生手段。我们几乎可以断定，世界永远不会回到 2020 年之前的轨道上，一切不会再一如往常。随着网络工具继续普及，未来的更多会议将在线上举行，带动 EMC 的地位继续上升。

电子媒介通信手段有何特点

所用工具不同，EMC 在传输非语言信号、快速反馈、传达个人特质以及支持自然语言的使用方面，都会有所不同。为了帮助分类这些差异，人们使用一种叫作"媒体丰富性理论"的理论框架，根据内容的媒体丰富性理论来解读语义和非语义的信息。一些 EMC 具备更强大的有效信息交换能力。例如，电子邮件或在线聊天不如视频会议生动，因为后者允许人们通过肢体语言和面部表情等即时反馈实现交流，称得上是最接近实体会面的形式。在在线会面与谈判方面，我们始终要优先选择那些媒体丰富性理论强、支持多维度交流的媒介。

社会认知是观察和理解他人的过程，这在谈判环境中很重要。人们从信息的内容和传递方式（即通过非语言和次语言信号）上收集信息。古尔德汉姆对媒介传播进行了广泛研究，她指出，准确的社会认知非常有用，它会促进决策与沟通，因此有时甚至可以说是至关重要的。鉴于对方可能有意或无意地传达模棱两可或具有多重含义的信息，因此 MRT 数值越高，人们犯错和误解的可能性就越小。

人们使用这种不断变化与发展的技术来取代传统的交流模式，其中既有优势，也有弊端。清晰地认识到这些优势与弊端，有助于发挥 EMC 的最佳效果，同时，也能为各方的情绪等社交表现保留空间。还需要注意的是，一方传播媒介的选择本身会被对方解读，而传播媒介的任何（突然的）变动也一样。在会面早期的某个时候进行"元沟通"可能会对成功会面很有帮助，即沟通你的沟通方式，向对方说明你将在何时使用何种媒介获取何种信息，从而设置一些基本规则。

按照媒体丰富性理论顺序来排列各种沟通渠道及其主要特征如下：

◇实体会议：可以接收语言、非语言和次语言信号。

◇视频会议：可以接收语言、非语言和次语言信号（但比起实体会面，可视的外围环境有限，拍摄范围较狭小，难以观察到外围状况）。

◇电话：可以接收语言和次语言信号。

◇短信和在线聊天：可以接收语言信号。

一般来说，在条件允许的情况下，谈判要优先选择能够接收多种信号的媒体来解读对方。

谈判过程中各个步骤所用的 EMC 工具以及需要考虑因素

本书所述谈判过程的五个步骤可以轻松地用上 EMC 工具，事实也证明，这些工具颇具使用价值。适合这五个步骤使用的电子沟通渠道主要是电子邮件和视频会议。

在分析背景期间

在分析背景步骤中，最好考虑以下建议。

务必确保各方拥有良好的上网环境，检查连接性、带宽以及网络或互联网数据传输率。连接必须顺畅，我们最不希望发生的情况就是线路中断，因此我们尤其应该考虑这种可能性，尤其是其中一方身处上网环境相对落后的偏远地区时。

我们还需要考虑人机工程：参会各方需要拥有足够大的计算机屏幕，才能同时看到所有参会者；此外，还需要在合适的位置摆放摄像头与麦克风。所有参与者都应该清晰可见，并且照明条件要足以让我们观察到对方的面部动态。能否看到对方是非常重要的。对方会持续发送刺激我们感官的行为信号，而这些信号对于我们赢取对方的尊重和建立一定程度的信任是不可或缺的。

在开会之前，检查各方使用的通信技术能否尽可能一致，如平板电脑、便携式计算机、台式计算机以及各种应用，以免因为技术差异而出现偏差甚至产生偏见。不能因为技术差异而使任何一方陷入不利。例如，带触摸屏的设备允许用户通过触摸屏幕与计算机进行交互，其优势在于，它便于用户像使用活动挂图和记事本那样记录图表、笔记或清单。如果一方无法通过书写和绘图来阐述想法或潜在的解决办法，那么另一方的理解可能会受阻。屏幕共享同样适用。我们旨在充分利用基本工具来支持并强化沟通与理解，而非向对方炫耀时髦工具或是给他们制造心理落差。

我们要确保参与谈判的各方都能够使用带宽、画质和声质达标的同类软件。某些软件需要付费，因此某些组织、社区或个人可能负担不起，不得不选择开源软件。这些需要事先确认。

熟练运用信息技术，便能自如地发挥出相关工具的作用。我们与工具之间的必要磨合越少，就越能专注于推进讨论和观察对方。用于在线视频会议的软件平台可以做到高度人性化。确保在会面之前测试网络连接等相关功能。初次在线会面之前或之初，如果你不太确定自己是否掌握了工具的使用，不妨花点时间查看工具的基本选项和功能，这样可以避免很多问题的发生。

谈判的保密性必须经过各方讨论并达成一致，例如，是否录下会面期间作出的决定、与谁共享电子文档，以及在哪里（哪种媒体上）保存这些电子文档。其中某些操作可能受到法律限制。我们要结合相关国家的法律法规和谈判对手的习俗，来确认保密性。安静且私密的谈判场所保密性更高。

实体会面也遵循与以上相似的准则，除此之外，就是要记得在会面期间关闭所有其他应用程序与通知提醒，以免造成干扰。经验表明，在会面之前制定好在线谈判规则并发送给对方很有帮助（关于发送邀请的重要性，见下文）。

各方都应该能够且愿意在会面期间接收文件，如果有需要，可以进入分组讨论室，并且记得适时打开和关闭麦克风与屏幕。

与实体谈判相同的是，在线谈判期间团队各成员的职能也要明确：谁担任领队、谁担任副领队、专家是否出席。此外，一些视频会议应用程序还需要具备相关技能的人员来运作，例如主持人和副主持人，那么我们也同样要分配好这些人员的职责。当然，这些职责的分配可能因会议而异，例如为了公平起见，双方可以轮流主持会议。有时可以根据参会者的人数来分配主持人（或者副领队），以便快速发现是否有人举手等示意发言。

在安排会议时，至少要在初次会议之前，向所有参会者发送专门根据在线会议定制的邀请函，其中列明技术要求、时间安排、保密程度等必要的后勤工作。邀请函应该通过电子邮件发送。

在准备谈判期间

在准备谈判步骤中，你可能会考虑向对方展示你的路线图（见第 5 章），这就需要你准备一份不包含底线的路线图版本。如果你寻求的答案范围较大、复杂性较高，那么不妨在开会前通过电子邮件提出一些问题并提供一些信息。在多元文化的谈判进行中，鉴于参与者的语言水平各不相同，你也可以通过电子邮件发送这些内容，帮助他们更好地理解这场谈判。

在会面期间

如前几章所述，谈判流程到了某个阶段总要与对方交涉，无论是通过实体会面还是在线会面。当各方无法实体会面时，在线会面就成为替代之选。为了提高谈判效率并建立持久的协议与伙伴关系，我们需要牢记以下几点。

在会面步骤中，也就是在线工具派上用场的时候，优秀的谈判者能够察言观色，与对方建立友好关系，并根据他们的情绪和非语言信号来捕捉不易察觉的感官线索，从而采取正确的行动。实体会面也好，通过计算机视频软件实现的在线会面也好，只有彼此露面的谈判才能实现多维度的交流。

因此，我们应该至少试着组织一次会面，多次则更好。

实体会面的最优做法也适用于在线会面，例如遵循议程、择机推进和分配职责。我们可能需要设置发言规则（如怎样示意发言、谁在何时发言）。主持人或副主持人的职责不一定要由领队或副领队来规定。在线会面中，领队与副领队同样重要，都应该注意察言观色，解读对方的肢体语言和说话态度等信号。要勇于探索、提出疑问、集中精力，并关注屏幕中的对方（而非你自己的画面）。

建立信任与社会关系至关重要，因此要确保在会议开始时就花足够的时间与对方营造良好的氛围，毕竟在线会面通常不会用来嘘寒问暖或饮茶闲聊。虽然在线上建立信任看起来比实体接触中更难，但这仍然可以实现，只不过可能需要多花点时间。信息技术只是一种工具，而你线上表现出来的人格与在线下时同样重要。如果安排了迎接参会者的人员，不妨在会议开始15分钟前开放会议室。你可以建议各方关闭所有通知提醒，以便将注意力集中在会议上，仔细聆听各方发言并解读非语言信号。

屏幕中的非语言信号与在实体会面中同样重要。线上会面与实体会面的主要区别在于，摄像头无法拍到对方完整的肢体语言，我们通常只能看到他们的面部和肩部。线上会面的优点在于，我们可以更清楚地观察对方的面部表情，而这可能为我们提供关于他们的更多线索。同样地，对方也会通过我们的坐姿、穿着、背景、灯光、表情和语气来解读我们。要记得，即便你没在发言，对方也始终可以看到你。"疏离而冷漠的态度也许无伤大雅，但这在线上会显得更加不近人情，所以表现得友好一些吧！"要持续向对方提供归属感与社交线索，例如微笑、眼神接触和点头，设法表明你在倾听，甚至要比在实体会面中表现的更明显一些。多问问题，这样能够表明你在认真聆听、想要参与讨论并深入了解情况。

我们要像参与实体会面一样注意着装。当你站起来去拿一杯水时，对方会看到完整的你。此外，你在线下和线上所用的演示文稿要相互一致。

在进入会议室之前，深呼吸、放松肩膀、微笑，像对待实体会面一样去感受在线会面。通过屏幕能够感受和感知到多少？事实通常令人意外。

通过联网计算机展开谈判时，语言和次语言交流发挥着重要作用。在线会面中，人们往往语速过快。如果你希望对方理解你，就要吐字清晰、放慢语速，甚至要比在实体会面中更慢。你可能希望各方对发言示意达成一致，例如举手。这样可以避免多人同时抢话的情况，毕竟我们不容易从屏幕中看出人群中谁在发言。在这种情况下，为了确保沟通顺畅，需要安排人员担任主持人或引导员。如果有口译员在场，确保留出足够的发言间隔给他们进行翻译。如果讨论需要用到手语，那么照明也要注意。

古尔德汉姆发现，人们在积极情绪中比在消极情绪中交流的话语更多。因此，要记得在讨论中使用第 7 章所述的工具。如果对方性格内向，那么他们可能会在在线会面时怯场，从而更加难以表达自我，因此我们要保持耐心，并明确地表现出与他们交涉的兴趣。

不要害怕沉默。在线会议中没轮到你发言的时候，要保持静候，因为从相关人员发言到其他参会者听到之间可能会有一小段时间的延迟。各方沉默时，不要妄下论断。正如古尔德汉姆指出，较长时间的停顿可能是由于技术原因，未必具有任何含义。

在线会面中，我们仍然要通过复述或改述已经说过的内容来增进各方的理解。在必要时，可以多次直接提出进行较长时间的休息，喝喝咖啡或是舒展一下四肢。

此外，还有一些其他需要牢记的在线会面注意事项。信息技术使我们得以加倍增强在线会面的体验，不要只是"依靠技术"来将"实体"转为"虚拟"，而是要充分地"利用技术"。这样不仅使谈判过程更有趣、互动性更高、对各方的吸引力更大，还能确保你的团队成员更有效地各司其职。使用分组讨论室进行小组讨论或双边对话有助于建立信任和巩固关系。在各方同意的前提下，拍摄记录会面过程很有帮助，以便你随时回顾之前作过的决定、特定的讨论环节，或是与不在现场的人分享会面过程。各方要以书面形式签署同意拍摄记录的协议，这一点要在背景分析中确认。

始终要记得，并非人人都会对所用技术感到满意，而且技术是工具，不是武器。

在提出方案与执行协议期间

在谈判流程的最后两个步骤——提出方案与执行协议期间以及会面期间，可以通过电子邮件向各方发送备忘录，确保所有参会者遵照相同的安排。无论是在线会面还是实体会面，最好都向各方提供书面总结，以便各方理解一致并在需要时参阅。

关于电子邮件的一些注意事项和用途

电子邮件是一种异步通信媒介，允许双方在发送消息和回复消息之间享有更多的思考时间，这降低了下意识反应的风险。一方通过电子邮件来作出判断或形成印象都需要更长的时间。有证据表明，延缓判断有助于加深理解，因此电子邮件的异步性可能是有益的。

电子邮件能对某些工作起到巨大帮助，例如当你需要快速查看一条信息、发送总结、提出疑问、确认日期或发送提醒时。换言之，电子邮件最适用于简要地交流事实，同时也可以直接用来归档，以备他日参阅所需。

如前所述，谈判光靠说话是不够的；尽管书面交流不是解读对方的最佳渠道，但能够增进我们对对方的了解。如果谈判仅仅或者主要以书面形式进行，例如电子邮件或备忘录，那么以下建议可能会对你有所帮助：

◇不要假定谈判对手会逐字阅读你的电子消息，要明确表达自己的情绪、感受或顾虑（如"令我感到沮丧的是，目前进度无法推进"）。

◇多联络谈判对手，了解他们的感受并验证你的假设，例如："我之前的提案中有某些内容似乎令您不太放心，是吗？""您对我们的最后一次讨论有何看法？"

有时在与冲突方交涉时，书面交流更轻松、效果更好，因为这可以让我们更准确地传达信息并澄清误会，还可以令双方免受另一方情绪的影响。此外，书面交流也更适合性格内向者。

有趣的是，人们都懂得提供微妙的暗示和传达信息背后的含义等非语言交流的重要性，这也是人们发明表情符号和表情图示的主要原因。人们经常在电子邮件中使用表情符号或图示来增添一些意味，补充非语言信号，传达或多或少的微妙含义。对表情符号或图示的使用要格外注意，因为它们在不同的文化中代表着不同的含义。例如，竖起大拇指的符号在西方文化中可能代表着认可，但在希腊和中东传统中代表着粗俗甚至冒犯。

在电子邮件中，我们难以观察、传达或接收情绪等社交线索，因此也就难以把握气氛或建立信任。这就要求我们在编写电子邮件时更加注意措辞，例如如何表达想法、如何提出建议和如何推进谈判，从而减少产生歧义和误解的风险。

　　发送出去的邮件覆水难收，切勿因为一时的愤怒或沮丧而编写和发送可能会令你后悔的内容，而是要表达你的真实意图。注意双重含义的表述，优先选择简单明了的措辞。你所发送的任何内容都会被对方解读，因此务必格外小心。你的邮件内容可能受到某些法律的约束，而某些内容在脱离上下文的情况下可能会损害对方的利益。不妨在编写完成后缓一缓，反复阅读，确认妥当后再发出。电子邮件难以传达和接收非语言信号等社交线索，但字里行间背后的含义等不易察觉的信号仍然存在。长篇大论也好、简要概述事实也好，邮件措辞所表达的任何情绪都会有所体现并影响双方关系。回复邮件的速度等其他细节也会被对方解读。

　　有时人们会在电子邮件和在线聊天之间切换。我们应该避免在线聊天，因为这属于非正式的交涉，而且不便于备案和参阅。就谈判的敏感性而言，人们难免认为在线聊天不够安全。

在线谈判的优点

　　在线会面谈判有很多优点。在许多情况下，谈判的牵涉方身处于不同地点，因此参加实体会见各方需要付出更多的时间和精力，在各方位于不同时区的情况下尤其如此。差旅疲劳会影响谈判质量，打击各方组织多次会面的意向。此外，各方从各地奔赴实体会面场所往往会产生交通费用、住宿费用和实际的组织费用，而这些都可能是一笔巨大的开销。得益于信息技术的便利，世界各地的人们无须亲临现场也能实现交互，节省了大量的金钱、时间和精力。

如果实体谈判组织起来很复杂，例如需要与来自不同地点的人协调，那么人们的谈判意向往往较低。在线谈判省去了旅途时间，因而哪怕要组织多轮谈判也相对轻松。相比起把一天甚至更多时间花费在交通上，花上半天协调多个议程则容易得多。如果会议较短，而且是在线会议，日期安排起来就更灵活，各方也就更便于协调（这一点可能为对方解读你提供了非常具有参考性的线索）。

近年来发生的全球性事件，例如 2020 年的新冠疫情，迫使人们在外出时高度注意安全卫生问题。多数情况下，卫生条件都阻碍了人们参与实体聚会。而通过在线工具，人们既可以见面，又可以继续开展业务。如果实体会面只能在佩戴口罩的条件下进行，那么在线会面会是更好的选择，因为这样我们可以看到对方的面容，阅读唇语并解读非语言信号。此外，佩戴口罩会使得某些语调听起来略显低沉，要是对方本身表达能力较差，我们理解起来就更不容易了。对于听力不佳者而言，要听清佩戴口罩下的发音也更加困难。

正如有关背景分析的章节（第 4 章）所述，多元文化的环境可能不好应对。而在线会面可以规避文化习俗方面的一些错误或弊端，例如是否握手、会议室如何布局以及座位如何安排。如果要用上分组会议室，那么这些问题仍然要面对，不过我们同样可以利用视频会议工具，手动将相关人员分配到指定的虚拟会议室。

人们还注意到一个令他们意外的事实：有些人在线上发言比在线下更自在。在线会面使得人们可以待在像家这类令他们完全放松的地方开会，说起话来也就更自在。

最后，如果参会者身处于不同国家，需要以飞机作为交通工具来实现实体会面，那么选择在线会面会更加环保。

在线谈判的挑战与弊端

在线会面最常见的一个弊端，是难以观察到对方完整的肢体语言和镜头之外的会议室环境。然而，有人指出："以计算机为媒介的通信只会延缓社会情绪信息的传播，不会限制交互"。在线谈判中，人们的面部表情等次语言信号可以像在实体会面中一样传达，而且在某些情况下摄像头只拍摄一人，那么其面部表情就会更加明显。但同时，另一方观察非语言信号的时候要更谨慎，毕竟直盯着对方是粗鲁无礼的行为。

在线会面的另一个弊端是不便随意闲聊，如，不好随时走到咖啡机前面取杯咖啡，或是走到窗边呼吸新鲜空气。也就是说，我们需要以其他方式与对方熟络起来并建立信任。例如，虽然发送私人讯息看似轻率随意，但我们通常可以通过这种方式与对方拉近关系，或是请求分组开会。有时，根据情况的复杂性和你对谈判对手的熟悉程度，你可能希望在正式会面期间安排一次你们两人之间的非正式谈话，以便深入了解对方。在中场休息时致电对方也是一个不错的选择，尽管这种做法常常被忽视。

并非所有人都熟悉信息技术，都能轻松地利用技术工具上网，或是自行设法联网。在使用在线工具等应用程序时，如果对方时常陷入沉默或是感到困惑，我们则要格外注意。如果各方对在线工具的获取和运用水平不一，那么水平较差的一方就会处于严重的劣势。

尽管在某些多元文化的背景下，在线会面可以降低出错的风险（见上文），但有时它也会使事情变得更加棘手，例如，来自不同文化的人对时间的看法也各不相同。有些文化较为直截了当，而有些文化则认为有必要通过更多非正式的互动和聊天来建立信任，否则就不可能开启谈判。哈佛大学发表过一篇关于在谈判中克服文化障碍的文章，其中指出：

> 中东人在谈判时喜欢例行公事，进行看似毫无意义的谈话，拖延整个谈判过程；相较之下，西方人可能就显得很没耐心了。然而中东人认为，要在谈判中建立信任，这些互动是至关重要的。当然，一般的文化倾向未必适用于某个人，但明智的做法是，认识到我们与对手之间可能存在巨大差异。

我们要仔细检查安全性和保密性问题，尤其是谈判各方身处世界各地的情况下。各国遵守的法律各不相同，因此某些跨国谈判背景较为复杂。如前所述，我们需要在背景分析步骤中全面检查确认谈判的安全性与保密性，与各方讨论并达成一致。

无论是在线会面还是实体会面，人们的行为模式、思维方式和时间观念都不同。切忌语速过快，对方处理信息的速度未必跟得上。有时回话可能需要比预期更长的时间，有时双方可能会同时开口相互打断，而我们难免下意识对此作出判断。问题所在是网速或者只是性格差异。哈佛法学院的谈判项目发表过一篇文章，标题是《保持社交距离的时代之在线谈判》(*Online Negotiation in A Time of Social Distance*)，其中提醒道：如果对方保持沉默，切勿假定他们在故意刁难或是威慑。该文章还强烈建议，即使对方的消息看起来很唐突无礼，也不要立马生气，而是要确认他们需要什么。我们不能只注重结果，而是要始终致力于巩固关系，从而建立信任，并达成更持久的协议。

还有些人可能只是对坐在电脑屏幕前感到厌倦，想会见你真人而已。

结果

在线会面与实体会面谈成的协议之间是否存在明显的

质量差异？目前尚无证据表明主要或完全通过在线会面进行的谈判比实体谈判的结果更好或更差。雷切尔·克罗松（Rachel Croson）研究发现：

> 以计算机为媒介进行会面所谈成的协议，比实体会面谈成的协议更全面，这表明使用信息技术开展远程谈判并不会降低效率。其次，在线会面谈成的协议往往比实体会面谈成的协议更公平。

从我的个人经验而言，结合电子通信技术的在线会面效果甚好。无论是在线会面还是实体会面，最好都以电子邮件形式发送会议总结等说明文件，供谈判各方随时参阅。

要点总结

▷ 在线会面平台是一种工具，而且只是一种工具——无论选择哪种会面方式，都需要与对方交流并建立信任。

▷ 会面开始前记得微笑——发送微观行为的社交信号来欢迎对方。对方可能在观察镜头前的你，而且聚焦你的面部。

▷ 在线会面与实体会面适用相同的会面规则，此外还有一些规则，如暂时关闭所有通知提示，以免分心。要确保向所有参会者明确这些规则。

▷工具和技术能够提供帮助，能够很好地推动谈判，不应该暗自使用，或是用来打击不熟悉工具或技术的人。所有谈判方要尽可能掌握相同的通信技术。

▷根据谈判的范围和会面的复杂性，你可能会想提议进行一次简短的培训，或是给对方发送教程，但切勿摆出傲慢的姿态。

▷始终记得并考虑各方之间存在技术差异与性格差异（例如，网络可能有延迟效应，而各方进行思考和提供回答所需要的时间也不同）。

▷不要把在线会面视为次选。如果执行得当，在线会面的体验、效率与质量不但不会更差，还可能更好。

▷不要过度使用最新的时髦插件，选择易于理解、便于操作的在线工具就行。

▷在线会面应该较实体会面更简短，并且允许各方拥有短暂的休息时间舒展身体和四处走动。

▷在与其他国家的人士交涉时，要记得对方所在的时区。

▷可能的话，有时不妨直接致电对方——尽管这种传统的联络方式往往被人们忽略。

▷确保在会面之前测试网络连接和相关功能。

09

谈判会面中的非认知技能

  语言和非语言沟通固然重要，但优秀的谈判者还需要具备其他技能。

  本章将全面讲述"姿势"和"社交直觉"。姿势体现了一个人的情绪、注意力、压力等多种心理状态，因此本章各个章节强调谈判姿势的重要性及其如何能推动达成有效且持久的协议。你的姿势、行为、情绪、信念、表达、沟通、参与，以及你是否感到和表现出舒适、果断与自信，都会对谈判结果产生重大影响。这些因素影响各方的互动模式，以及你为落实伙伴关系与协议而与对方建立的交情。

  谈判成功与否很大程度上取决于对方对你的感觉，例如：他们是喜欢你、信任你，还是提防你；他们是对与你交涉的前景感到满意，还是充满疑虑。

  纯粹的认知因素往往不足以帮助我们理解为何有些谈判者能够脱颖而出。另一个因素也会左右谈判的互动和结果，这个因素叫作"社交直觉"，人们认为这是能够影响整个谈判过程的一项技能。

本章将首先解释社交直觉及其对谈判会面的作用，然后探讨情绪对人们的互动、行为与沟通方式有何重大影响，并就推进而非阻碍谈判过程的情绪管理分享一些见解。最后，本章会讲述培养注意力、抗压能力、自尊自信与社交直觉对谈判会面有何帮助。认真的准备工作、有效的沟通技能与敏锐的社交直觉，都会在你迈向成功的路上助你一臂之力。

社交直觉与谈判

社交直觉是一项非常有助于谈判的技能。大学教授安德烈·库普弗·施耐德（Andrea Kupfer Schneider）与诺姆·埃布纳（Noam Ebner）在 2018 年研究过社交直觉的概念及其对谈判会面与结果的影响。他们认为谈判者的社交直觉结合了三种能力：

1. 自我意识的能力。

2. 关注对方并发现其潜在信息的能力。

3. 主动与对方建立交情的能力。

社交直觉包括语言和非语言信息，而且还远不止这些。例如，社交直觉强大的谈判者懂得何时应该放慢节奏，何时应该发送电子邮件而非拨通电话与对方交流，何时应该坚持某个观点或暂且让步。社交直觉因文化而异，因为它与持续传达非语言信号的行为密切相关。这三种能力结合起来非常强大，而且它们各自本身就相当实用。

首先，社交直觉关乎"自我"，它与情绪、认知模式、偏见和通常的反应方式等自我意识相关。以下分享了社交直觉发挥作用的两个示例：

◇ 成见和偏见往往在无意识的情况下影响着判断。一个人如果（深入）意识到这些因素，就会提高认知，接受质疑并自我调节。

◇ 回顾"长颈鹿的耳朵"与"豺狼的耳朵"，如果一个人意识到自己喜欢像豺狼一样揪出他人的错误、总感到被冒犯，那么他就懂得质疑并摆正心态，而不是总以为"对方在找碴儿"。记得问问自己："万一错的人是我呢？"这样可以让你放慢下意识反应，让你有机会作出更恰当的回应。

自我意识强大的谈判者更能清晰准确地传达信息，并认识到对方和整个情况对自己有何影响。

其次，社交直觉关乎解读和理解对方，高度配合他们的情绪状态和他们表现出来的状态。这种能力能够帮助我们洞悉对方的行事逻辑以及他们传达的非语言信息，例如，哪怕对方只表现出一丁点朝着其底线妥协的趋势，我们也可能将其捕捉。施耐德和埃布纳还指出，在非常理想的状况下，社交直觉强大的谈判者甚至"能够辨别谎言与真相，识破对方看似礼貌或亲切的操纵性伪装，看穿他们的真面目"。如第6章和第7章所述，善于聆听是谈判成功的基础。往往在我们聆听时，答案已经在我们脑中显现，而反应也已经开始，无论我们是否有所意识。高度集中精神聆听对方，关注他们说了什么和没说什么，以及他们如何表达自我，能够为接下来的互动与更多会面提供遵循之道，从而谈成更好的协议或伙伴关系。

最后，社交直觉关乎搭桥——为推进谈判而与对方建立的交情。施耐德和埃布纳对搭桥的解释是：

> 很可能在我们没有意识到的时候，我们的微观行为就已经在搭桥了。如果搭桥状况理想，双方就能一起行动，哪怕他们之间仍然存在实质性的差异。对谈判的感知包括解读自己，解读对方和解读情况——在我们搭桥时，三者一同发挥着作用。

情绪与压力管理

社交直觉的前两点关乎自身与对方，其中涉及谈判者对自己和对方情绪的认知。情绪及其表达引导着个人和团体的谈判动态。如果我们对情绪管理不善或不足，那么情绪可能会对我们的姿势和行为等非语言信号产生不利影响，从而破坏开启谈判所需的因素，包括实体谈判和在线谈判。情绪会影响语言和非语言信号，也会影响沟通方式。人们的微观行为不断发送信号，这些信号则会影响信息的传达与接收。情绪也会影响反应。人们在生气时较难仔细聆听和观察对方，较易助长批判心理、变得不耐烦；在高兴时往往较为激动，难免在尚未明确细节的情况下就作出承诺；在沮丧或失望时较难发挥创造力，较难坚信自己能够取得积极成果；在恐惧时则会表现出攻击性或疏离感。

正如施耐德和埃布纳所解释的，如果我们能够掌控自己的谈判情绪，我们就能更好地传达信号。例如，我们是否言行合一，我们的意图、话语和行为与我们的情绪之间是否存在"差距"。厌烦和不满的情绪会发出或多或少的非语言信号。例如，坐立难安或打哈欠表示无聊，一直盯着对方看会令他们感到不适，而转移视线、摆正或倾斜脑袋可能在某种文化中代表着犹豫、讽刺或怀疑。微观行为是"微小、通常无意识且基于个人偏见的语言和非语言信号，包括手势、表情、身姿、措辞和语调，这些都会拉近或拉远我们与对方之间的情感距离"。

你有没有注意到，当对方的某个表情或行为变化较大时，你会感到不安？当人们感觉自己受到攻击时（无论这只是感觉还是真实行为），通常反应是回击。一旦你开始回击，你就会把对方当成敌人，并设法取胜。这种态度转变甚至在语言信号发出前，就会被谈判对手感知与观察到，而他们是你最需要拉拢与配合的对象。双方能量的变化会作用于谈判的讨论动态，从而影响当次会面的结果。如果你被情绪（你的情绪或谈判对手的情绪）所征服，你可能会变得比自己想象中更激进或更沮丧，可能会发表主观评论，变得更敏感、更倾向于批判对方，或是更在意（用自己的论点）取胜，导致创造力发挥受阻，心态开放程度受限。

下意识的反应多数时候并不合适，因此我们要在作出下意识反应前意识到并掌控自己的情绪，这对任何谈判者来说都是一项值得培养的技能。我们首先要意识到情绪，才能掌控情绪。

多练习冥想、修行正念有助于管理情绪，其效果已经得到越来越多的认可。"在正念修行中，冥想者的目的是站在客观立场，把精力集中在当前的内在与外在的感受上，对它们秉持接受、好奇与开放的态度。"无论是否是通过冥想来修行而成的正念，都包括意识在生理感受和生物反应中的状况，无论它们有多么不易察觉。这是一种时时刻刻运作的意识，简而言之，就是观察与发现。

这些与谈判有何关联？如何提高相关的谈判技巧？

当你意识到生理层面时，你便会注意到生理感觉的变化，这会让你在作出下意识反应前停顿大约几秒钟，从而为你创造了自我调节的空间。精神病学家维克托·弗兰克尔（Viktor E Frankl）表示："人体从受到刺激到作出反应之间存在一个空间；在这个空间里，我们无所不能。"谈判中，你可能会对自己认为不公正的事物作出（非常）强烈的反应，如情绪突然失控、拒绝进一步交涉。激动、愤怒、欲望和恐惧都会影响我们的感知，而这些都是无形的存在。我们甚至往往不会意识到这些情绪对生活的影响。通过创造上述微小的空间，谈判者得以设法调整自己的反应和态度，从而专注于寻找解决办法来推进谈判。

例如在会面中，某人可能会以指责的口吻说："你总是摆出自己的专业知识和以往经验，但我们根本不感兴趣。你不愿意听取我们的意见，总是把新的思想拒之门外。"听完这番话，你可能发现自己咬紧了牙关，手心渗出了汗，握紧了拳头，或是感到胃在翻腾。你可能会本能地感到自己被冒犯或很受伤，从而产生反驳（回击）或逃避（起身离开）的冲动。在默默地观察正在发生的事情后，你意识到："我对对方刚说的话感到非常不悦，我感觉自己胃里打了个结，下巴紧绷着。"这时候，你正在摆脱作出下意识反应的冲动，使用大脑（皮层）分析着情况。这一过程可能帮助你想出最恰当的回答，例如："我很抱歉给您造成了困扰，但我坚信，在场所有人以往的经验都值得我们学习。也许我们可以想办法给每个人都提供一些空间，比如，在会议开始时进行轮流发言？"

正念修行虽然颇具挑战性，但经常甚至短暂地练习正念修行的确对我们有所帮助——面对强烈的情绪时，生理感受会不断地把身体拉回现实。当情绪变得焦躁不安或是陷入思想流时，可以转而专注地感受呼吸。

为何掌控情绪很重要？原因有以下几个。

首先，情绪往往具有传染性，会作用于现场其他人的情绪。

其次，情绪会影响我们的话语和行动。在受到攻击（无论是真实发生的行为还是感受到的威胁）时，深呼吸可以帮助我们冷静地抗压，从而不会反应过度。设想你在发言时，有人一直打断你，令你感到很恼火。如果你能掌控自己的愤怒情绪，那么它就不会太明显，你也就能够平静地作出反应（使用"长颈鹿的耳朵"）。例如，向对方说明你需要对方保持聆听，或向所有参会者明确基本规则。在你仔细观察谈判各方的同时，他们也在观察你，并根据自己的所见所闻来解读你。因此，要意识到并注意你所传达的信号，镇定自若、掌控情绪、时而微笑、保持专注，这样才能最大化你的利益。

最后，我们不应该逃避情绪，而是要正视它们。首先承认情绪，然后设法去理解"为什么我会产生这种感受？""有什么问题需要解决？""我是否忽视了什么？""对方是否另有所图？"这样可能对谈判非常有帮助，有时还能让我们意识到某些事情在会面期间没有按照预期发展。这会反过来强化我们的直觉，令我们发现有价值的线索。

因此，要在谈判过程中最大化我们的利益，就需要掌握情绪管理技巧，冥想则是其一。

越来越多的科学家开始研究冥想对身心健康的影响，其中许多研究是基于磁共振成像和问卷调查，并且全都表明冥想有助于：

◇调节和提高注意力。

◇提高身体意识。

◇改善情绪管理。

◇增强抗压能力。

◇以更高的接受度和更积极的自尊来改变自我认知。

◇增强决策力和创造力。

◇缓解焦虑和抑郁。

◇减少消极情绪的产生。

◇强化直觉。

以上因素的好处远不止有利于身心健康，还惠及社交直觉和谈判。在我们与谈判对手互动时，这些因素都非常重要。它们是相互联系、相互作用、相辅相成的。

提高注意力与推进谈判

多进行正念修行能够提高注意力，可能在很大程度上影响谈判流程中的三个步骤。

第一，在准备步骤（背景分析和目标分析）中，高度集中注意力有助于我们发挥创造力，更好地进行背景分析与路线图规划。

第二，在会面步骤中，高度集中注意力会让我们更注意自己的反应以及心理和生理上的感受（例如，突然意识到自己正咬紧牙关或屏着呼吸）。增强意识有助于我们更好地控制自己传达给对方的信号，包括面部表情等微观行为。

第三，高度集中注意力有助于我们观察对方，包括他们发出的非语言信号，他们说了什么和没说什么以及他们的行为和沟通方式。如此一来，我们就更容易找到线索，发挥直觉，并留意措辞以外的各个方面。提高注意力也有助于我们发现难以察觉的迹象。正如管理顾问兼作家彼得·德鲁克（Peter Drucker）所述："沟通中最重要的，是聆听对方没有说出口的话。"提高注意力，才能捕捉到对方在谈判中的一举一动。

压力与谈判

许多谈判都会使我们感到压力，因为我们在谈判中专注追求的事物很重要，有时甚至是至关重要或必要的。像英国脱欧的谈判，或者再近一些，例如你最后一次和供应商谈判承包合同等交易——都是可能给谈判者造成巨大压力的关键时刻。焦虑、紧张、忐忑或手心冒汗等状态要尽量避免。经常练习冥想有助于提高抗压能力。神经生物学研究人员也已经反复证明，冥想可以减少引发生物焦虑反应的激素的分泌。

人们在谈判中，尤其是在风险较高的情况下，会感到焦虑、紧张和烦躁。这些情绪会产生反作用，导致人们去催逼对方、打断对方说话，提出论据来试图说服对方转念，或是以更加严厉的态度来要求对方，从而陷入没完没了的争论。在这种情况下，聆听就会受阻——最坏的结果是，人们完全听不进相左的意见和对方的顾虑；最好的结果是，人们只接收到了部分信息。

成功的谈判者具备强大的抗压能力，因此其内心是相对平静的。此外，善于抗压有助于我们对人生保持乐观的态度，从而构建寻找解决办法的积极心态，相信自己所谈判的协议会达成，各方能够建立伙伴关系，符合各方（自身）利益的结果**可能**实现。心理学家丹尼尔·戈尔曼（Daniel Goleman）对情绪进行过广泛研究，他指出：情绪具有传染性，能量强、态度积极的人往往会带动能量弱的人。

保持强大的抗压能力与积极态度也有助于培养韧性，让我们能够重新振作、继续尝试，不把负面回馈视为人身攻击，认识到今天的"否"可能成为明天的"是"。这种以寻找解决办法为导向的思维方式会在我们遭遇否定时，引导我们思考"什么条件能让您答应？"而非立即退缩或放弃。也许令人意外的是，这个问题往往让对方难以作答，因此可以让我们借机探索他们可能会在什么（新的）条件下答应我们的请求。

记得要保持耐心。现在就强调自己的观点可能会适得其反，在等待时机的过程中可能会出现新的机会。强大的内心需要韧性、耐心和乐观共同组成。

自尊与谈判能力

自尊会影响我们的状态，甚至谈判结果。我们对自身的感觉会体现在我们的面部表情（不时地微笑与眼神接触）等非语言信号、说话方式、措辞、语调、提问频率和好奇程度上，这种体现有时不明显，而且通常是无意识的。如前所述，非语言沟通（即态度、手势、行为）具有强大的影响力，而且往往比语言传达了更多信息。

你有没有注意到，以情绪低落、缺乏自信的卑微状态参加会议，得到的结果往往不太理想；而抬头挺胸，以良好、平稳、平衡的心态参加会议，事情的发展似乎会如你所愿。我们本身就会影响结果。我们把注意力放在哪里，就会往哪里投入精力和发挥创造力。心态从"我成不了事，这永远行不通"，转变为"我想这也许很难，但依然可能实现，我会尽力而为。既然它可行，我为何不试试？"

研究结果也表明，经常冥想有助于培养更积极的人生观，建立更正向的自尊。简单的深呼吸对此也有所帮助，它会触发人们降低心率和血压的生物反应，从而令我们在谈判中更轻松自如。

如果你态度积极、信心十足，那么你本身就会散发正能量，真心相信自己可以达成协议，谈判就很可能成功，从而令各方投入协议之中。也就是说，你会非常确信能找到解决办法。一个人的自信和信任他人与乐观都能感染他人。在会面过程中保持积极态度，那么对话就会朝着寻找解决办法的方向发展。我们要专注于寻找解决办法，打通可行路径。别把注意力放在问题或困难上，而是要专注于发挥创造力去解决问题或困难。在积极的情绪下，人们才能建立积极的社会关联，因此要与对方合作而非对抗，这一点至关重要。

直觉与谈判

如前所述，社交直觉与我们对他人的意识密切相关。科学研究发现，经常冥想的人，其大脑结构会发生生理变化，尤其是与注意力、直觉和情绪调节相关的区域。提高直觉不仅有助于我们感知对方的心态，捕捉表象之下的微观信号；还有助于我们判断气氛是否紧张，何时需要改变节奏、提议休会或提议搁置议程，以及在什么情况下应该稍微坚持主张。蒂娜·卡普兰（Dina Kaplan）在《福布斯》（Forbes）杂志上分享过自己的经历：

> 人在冥想时，会降低大脑的运作强度，从而放大直觉，注意到周遭不易察觉的信号，例如，当对方移开视线、开始玩头发，或以更情绪化的语气说话时，放大的直觉会让你捕捉到这些线索；又比如，当某人准备讲要点时，你也会有所察觉。

迈克尔·惠勒（Michael A Wheeler）和达娜·纳尔逊（Dana Nelson）进行过一项研究，名叫"谈判中的非语言沟通"（Nonverbal communication in negotiation），其中写到：沟通在某种程度上是无意识的，因此必要线索的捕捉离不开直觉。这些研究的结论有：

◇我们向对方传达的信息远远多于语言内容。

◇非语言信号有时与我们的措辞相互矛盾。

◇多数交流中，我们都不是完全有意识的。

◇解读非语言信号不是一门科学，而是一门艺术。

◇必须在各方充分互动的情况下，才能解读非语言信号。经常冥想的人较容易发现难以解释的事物。

冷静的头脑对创造力的促进

第3章介绍了开启谈判的四个前提，其中之一是创造力，这是谈判的根本。首先，创造力关乎发掘条件与路线图规划；然后在会面中，创造力关乎我们如何看待事物，尤其是看待困难。将困难视为挑战，你就不容易方寸大乱，而焦虑会使局面更加混乱。其次，保持头脑冷静能够提高洞察力，这在需要权衡各个因素时非常重要。从客观角度去观察，集中注意力去感受，捕捉不易察觉的信号，我们会发现大量信息，从而提高决策质量并发挥出更强大的创造力，探索实现目标的种种途径。

　　我们要注重发掘事物的可能性与创新方法，例如，思考什么条件可以实现目标（解决办法或方案等），避免把谈话重点放在问题上，这样我们的措辞才会更积极（以寻找解决办法为导向），如进行假设："如果……会怎样""设想我们已经达成了交易"。

　　保持头脑冷静，使内心平静下来，也有助于我们站在（稍微）超然的立场，即便对当前情况并不满意，也能仔细观察、客观分析，按照期望来表现自我。我们要尽可能留意自己的内在感受，观察会面动态，判断谈判能否推进，适时提出稍作休息和四处走走，提振精神后再回来继续谈判，也许甚至还能换个角度切入情况，这样往往能收获理想结果。心理学家爱丽丝·伊森（Alice Isen）称，积极情绪对诸多社交行为和思维过程有着重要的促进作用，能够令我们发挥强大的创造力，改进谈判过程，并达成更好的结果；同时，还有助于我们锻炼脑力，开拓思维和解决问题。

要点总结

▷坚定自我、掌控情绪、开放态度，有助于你以更强大、更自若的内心与对方交涉，并始终意识到他们现在是你的最佳机会、合作伙伴。这会反过来营造一个各方相互信任、以寻找解决办法为导向的谈判环境。

▷社交直觉是一项非常重要的技能。社交直觉关乎对自身的意识、对他人的意识，以及两者之间的桥梁，是与谈判对手培养交情的一种能力。

▷社交直觉与非语言交流不同。非语言交流侧重于传达和接收某些非语言信号，而社交直觉对情况的理解与作用范围更广。

▷培养社交直觉技能的一种方法是经常通过冥想来进行正念修行。

▷内心稳定地处于专注和平静状态，才能提升自信和增强非语言信号的传达。这些都会体现在微观行动中，成为不断发送给谈判对手的信号，影响他们的反应与双方的相互信任。

▷高度集中注意力，便于你捕捉表象及其背后的大量线索，并采取相应的正确行动。

▷意识到自己的情绪和不易察觉的反应，才好判断在何时何地如何表现，更好地把控所要传达的语言和非语言信号，并判断何时提议中场休息、改变节奏、坚持己见或暂且让步。

▷谈判时，要保持敏锐的直觉，并不时根据直觉来行事。无论是"我感觉这个提议能够／无法……"，还是"这似乎在……方面无法确定"，始终都要记得直觉可以被验证。

▷从客观角度聆听对方，并充分关注当下，有助于深入了解真实情况。

▷与对方建立交情，不仅有助于掌握认知因素，还有助于解读情绪信号，从而深入了解他们的观点和整体谈判情况。

▷立足于你自身和你的目标（路线图），在聆听对方时保持内心平静，并保持关注实时情况，从而更好地发挥创造力。被情绪淹没的无措状态（例如感觉自己受到威胁、害怕或愤怒）会蒙蔽心智，阻碍创造力的发挥。

第四部分

提出方案与执行协议

PART 4

10

第 4 步：提出方案

　　表明你想要什么，摸清对方会在什么条件下答应你的部分或全部请求，了解他们想要什么，并讨论了你愿意在什么条件下答应他们的部分或全部请求，这时候，才好开始考虑提出怎样的方案。第 4 步提出方案，旨在把你的目标与对方的目标关联起来。在这个步骤中，起草第一个方案，向对方呈现方案，进行讨论，并设法敲定协议。这份协议是前面所有会面过程所发生事件的结果，对讨论中各方作出的承诺形成保障。

　　这里要再次强调，谈判是一个迭代过程，因此我们可能会需要以第一项方案为起点与对方展开多次讨论，然后多制订几项方案。那么此步骤最终旨在谈成一项各方均认同的协议，各方均能在其中实现某种程度的利益。

我们要保持耐心与韧性，始终坚信理想的结果可能实现。用巴拉克·奥巴马（Barack Obama）的话来说就是：走上正道，砥砺前行，终有所成。所以当你萌生放弃的念头时，要再三深思。

首先，探索能够开始构建方案的前提，即你明确会面步骤已经完成，而你已经做好向前推进的准备。构建方案需要经过认真分析，但这并不困难。我们可以遵循本章的下一节内容来构建方案，并在最后一节学习如何向对方呈现方案，并进一步打磨方案。

提出方案的前提和条件

构建方案需要具备某些条件。会面效率越高，方案制订起来就越容易，因为方案通常只是把会面期间讨论的内容正规化。构建方案的两个前提是：

1. 你已经通过路线图摸清对方如何回应你说的话、你的抱负和条件。对于你所表明的每一个抱负，对方说了"行""不行"还是"也许行"？他们是否有所犹豫？你是否感觉到他们愿意做出灵活调整？

2. 你已经知道对方想要什么、在追求什么，以及他们能够满足哪些条件，因此明白他们所提的价值是否可谈且灵活地调整。

你可能会在某个时候感到时机已然成熟，认为自己能够在方案中囊括所有相关条件。构建方案时，可以遵循以下三点：

首先，当你仍在进行会面步骤时，做一次总结，向各方说明你已经做好制订方案的准备，并提出休会，然后在此期间构建第一套方案。如果你在会面过程中感到提案时机已然成熟，切勿在对方面前制订方案，而是等到当次对话结束，并稍作休息后再制订。毕竟你不希望作出可能令自己后悔的让步或承诺，也不希望对方认为你行事草率。

其次，最好找个安静隐秘的环境来构建方案，这样有利于你或者你的团队（如果有）进行思考。记得切勿当着对方的面就开始制订方案。尽管方案内容直截了当，但制订起来可能需要漫长的深思：在会面中讨论过的事宜应该全部纳入考虑。这时候可以换个角度，回归自身和路线图进行分析。

最后，制订方案并完成此后的步骤。如果有团队，就与团队协作，充分发挥专家和副领队的职能。

如果所有讨论程度充分且进展顺利，那么制订和打磨方案就很轻松，毕竟方案只是把讨论内容正规化，不应该纳入其他元素（哪怕只是象征性的其他内容，或包括具有价值的其他事物）。方案不应该出现意外或惊喜，换言之，不应该纳入从未讨论过的重要条件，否则会使对方措手不及。

满足提出方案的前提后需要做什么

  会面过程中的某个时候，你认为自己已经掌握了所有必要信息，你提供的条件和对方提供的条件已经经过各方讨论，并且你的脑中对可能达成的协议有了清晰的轮廓。为了确保不遗漏任何内容，在会面之末做完总结后，问问各方是否还有其他信息需要向你提供或是想要咨询。

  然后休会，和团队一同离开会议室。始终注意别把会议所用的任何东西遗留在会议室，否则泄露的信息可能遭到误用。

  找一个安静的场所进行以下事宜：

第一套方案构建步骤
1. 检查
  我是否已经充分利用了自己的路线图
  我是否已经规划出了对方的路线图
   （我已经尽可能搞清楚他们想要什么）
2. 权衡
3. 明确对方的回应
4. 决定战略：
  我同意/反对哪些内容？
5. 决定我希望如何回应
  对方的需求和意愿
6. 构建方案：如果您……那么我……
7. 作出决定：坚持还是让步？

方案构建步骤

1. 检查

首先确认你是否已经充分利用了自己的路线图：你告诉对方你的目标了吗？（不是"我认为他们理解了"，而是"我真的明确陈述了吗？"）你是否根据对方的抱负提出了对你而言最重要的条件？你是否向对方提供了自己准备好分享的信息？换言之，你是否有效地发挥了准备（路线图）的作用？

然后查看笔记，问问自己：你知道对方想要什么吗？他们（说）的目标是什么？他们能提供哪些条件？他们提出的价值是否灵活可谈？你知道什么对他们来说重要吗？你仔细聆听和观察他们了吗？他们向你提供了哪些信息？他们是如何回应你的条件和抱负的？

2. 权衡或平衡你的条件

接着是权衡或平衡你的条件。查看你罗列的条件，如果把每个关键条件的抱负值设为 100 分，底线值设为 0 分，那么你的所有关键条件分值都会在 0 ~ 100 分之间。

对于备选的附加条件或"香槟"条件，你可以根据某个条件**在某个时间**于你而言的相对重要性来设定其抱负值。

💡 示例

设想你即将谈判一份新工作，这对于你的职业生涯发展来说是一个绝佳的机会。上班地点在一个停车位稀缺且费用高昂的大城市中心。而你住在几乎没有公共交通工具的偏远地带，只好开车通勤。因此，你决定上岗的条件之一是拥有公司停车位的使用权。这个条件对你来说非常重要（值90分），但这不是关键条件，毕竟就算拿不到车位，你也不会拒绝这个绝佳的工作机会，即使它会给你的生活增添麻烦。

"香槟"条件不设底线或者底线值为0分。因为它们并不关键，所以你要权衡每个"香槟"条件的相对重要性，并给它设一个尽可能高的分值（但绝不能大于或等于100）。关于权衡或平衡条件，参见下面的抱负与底线设置工具。

抱负与底线：条件权衡工具

工具表格可以如下所示。首先，给抱负打分并填写抱负栏，然后（只）将关键条件的底线设为0分。只有在权衡条件后（参见后面的示例），才能填写"对方的反应"一栏（如表10.1）。

表 10.1

条件	抱负	对方的反应	底线
A（第一个关键条件）			
B（第二个关键条件）			
C（第三个关键条件）			
D（第一个备选条件）			
E（第一个备选条件）			
F（第一个备选条件）			
G……			

示例：我想要在某些条件下接受这份绝佳的工作。

3. 确认对方的反应

根据对方对你所传达的每个条件所作出的反应或回应，来估算这些条件的分值，然后填写抱负栏和底线栏（如果有）。也就是说，你需要确认对方的反应，包括聆听他们说的话和在必要时提出疑问，才能估算出相应分值（如表 10.2）。例如，当你提议在 2022 年 9 月 13 日启动项目时，对方说的是"行""不行""也许行"，还是"再早些"？根据此时条件对你而言的重要性来决定它们值多少分，并填写工具表（如表 10.3）。这一点很重要，因为它能够让你对各个条件予以相应的重视，并让你更明确自己可能取得何种结果。

表 10.2

条件	抱负	对方的反应	底线
A（薪资）	100		0
B（假期）	100		0
C（上岗日期）	100		0
D（停车位）	90		
E（办公室大小）	90		
F（居家办公）	60		
G（计算机选择）	80		
H（拥有 2 台显示器）	50		
I（每年可享受的培训天数）	80		
……			

表 10.3

条件	抱负	对方的反应	底线
A（薪资）	100（我提出年薪 12 万英镑）	80（他们说可以给到年薪 10 万英镑）	0
B（假期）	100（我想要每年 6 周）	70（他们说常规是每年 4 周）	0
C（上岗日期）	100（我想要在 6 个月内上岗）	50（他们说要在 3 个月内上岗）	0
D（停车位）	90（我想拥有公司停车位的使用权）	无（无可用停车位）	

续表

条件	抱负	对方的反应	底线
E（办公室大小）	90（我想拥有独立办公室）	60（他们说我每周有2天需要与他人共用办公室）	
F（居家办公）	60（我想每周居家办公2天）	30（他们说可以考虑让我每周居家办公半天）	
G（计算机选择）	80（我想用 Mac）	80（行，可以在 Mac 和 PC 之间选）	
H（拥有2台显示器）	50（我想要2台显示器）	50（行，工作需要）	
I（每年可享受的培训天数）	80（我想每年获得10天培训）	20（上岗的第一年内不行，上岗一年之后可以）	

4. 规划战略与弥补

对方提出不符合你抱负的价值，就是让你在最高价值上作出让步，这时候可以问自己两个问题：

◇我愿意在这个抱负上作出让步吗？

◇如果愿意，看看有何能够改进的条件——我要如何补偿这一让步？

换言之，就是不要无偿地退让。基本原则是：只有在获得另一项条件作为补偿的前提下，才在抱负上作出让步。然而，补偿条件的价值也取决于这个条件对你有多重要。对于补偿，你可以选择接受一个极为重要的条件，或者多个略微重要的条件。

> 💡 **示例**
>
> 　　假设你在面试中得知公司无法提供停车位。然后为了弥补这一点，你可能会尝试请求公司在公共交通上提供补助，并允许你避开早高峰时间上班打卡。

　　为什么要补偿？其中有两个原因：第一，一方让步会使双方构成问责（例如"我欠你人情"）与依赖的关系，形成索取与感恩之间的博弈；第二，让步是一方给予，与交换的价值不同（给予的价值稍逊）。

> 💡 **示例**
>
> 　　谈判专家劳伦·孔巴贝尔（Laurent Combalbert）写过一篇关于法国"黄马甲"之乱的文章，其中指出：
>
> 　　在 2018 年的最后几周，也就是 2019 年到来之前，法国政府与"黄马甲"罢工者之间展开了漫长的较量。对此，有人分析批评马克龙（Macron）政府在未确保对方会弥补其损失（例如结束抗议示威）的情况下给予了对方一大笔钱。单方面地给予（不要交换某事物作为回报），就会失去与对方谈判的筹码。收到这笔巨款的

> "黄马甲"仍然不满意……暴乱没有就此平息。

在某些情况下，你可以选择拒绝作出重大让步。例如，设想"坐班"的情况：你的目标是坐班 3 天，居家办公 2 天。面试时，公司代表回应了你的诉求，表示他们希望你坐班 4 ~ 5 天。在你分析数据、充分了解自己目前为止拿到的待遇，并思考如何提出方案时，你可能会觉得居家办公半天时间太短，打算争取更长时间。于是你可能会告诉公司代表，如果给你完整的 1 天居家办公，那么你愿意坐班 4 天。其中包含两个条件：居家办公的场所（固定在家）和天数（完整的 1 天）。

你知道自己会补偿在抱负上作出的任何让步，就不会那么固执己见了：你会意识到只有作出灵活调整，降低你最初提出的标准，才能反过来得到新的条件。

关于决定是否让步和计划如何补偿，见表 10.3 及以下示范（如图 10.1）。以第一个条件"薪资"为例，你提出了年薪（抱负），这个筹码对你而言值 100 分。对方还了价，这个筹码于你而言值 80 分。如果接受还价，要如何补偿这损失的 20 分？例如，可以询问能否居家办公，公司能否报销停车费或交通费，能否安排弹性的工作时间。可以查看整张工具表，看看有何能够弥补的地方，然后试着提出值得让你在关键条件"薪资"上作出让步的条件。

条件	**A**	对方的反应	**L**
坐班 或到现场 工作	每周 3天	每周 4～5天	

（1）我愿意在这个抱负上作出让步吗？

（2）如果愿意，看看有何能够改进的条件？（我要如何弥补这一让步？）

图 10.1　如何补偿

5. 根据对方给出的条件来部署策略

记录对方提供的信息，用他们提出的每个请求来问问自己（表 10.4）：

◇你愿意满足他们的（全部或部分）请求吗？

◇如果愿意，看看有何能够改进的条件？（对方可能在哪个条件上作出让步？例如，不完全满足他们的请求，或者再提出一个条件。）

表 10.4

条件	抱负			对方的反应		底线
				我愿意让步吗？如果愿意，有何能够改进的条件？		
	分值					
	100	80	60	40	20	0
A（薪资）	◎	▲				0

续表

条件	抱负		对方的反应			底线
			我愿意让步吗？如果愿意，有何能够改进的条件？			
	分值					
	100	80	60	40	20	0
B（假期）	◎		▲			0
C（上岗日期）	◎			▲		0
D（停车位）	◎					
E（工作场所）	◎		▲			
F（办公室大小）	◎	▲				
G（食堂）			◎	▲		
H（计算机选择）		◎		▲		
I（拥有2台显示器）				▲		

关键

◎ 你的请求

▲ 对方的反应

要始终记得：

◇构建方案和部署策略并不意味着你愿意谈判，这些行动不是开启谈判的保障。它们更像是一场测试，一块"回音板"。你是要看看如果更进一步或者同意某些条件，对方作何反应。

◇谈判意味着接受交换的规则随之发生的变化：你不会白白提供任何事物，而是与对方交换，其中的价值由各方设定，具体取决于在特定时间对各方而言重要的是什么（毕竟随着时间推移，需求、利益和背景都会发生变化）。

◇除了你的团队成员，任何人都不能参与分析或查看你决定交换和补偿的事物和方式。在某些情况下，你可能打算以不相关的条件作为补偿。这都没关系，因为对方并不知道你和团队的想法、讨论过程或最终决定。

6. 构建方案："如果您能（为我）提供……那么我将（为您）提供……"

现在，将你和团队在上一步决定的内容放到只有两列的简明表格中（如表 10.5）：

在你决定好接受或拒绝作出哪些让步之后，在左栏中重新罗列你提供的条件，在右栏中重新罗列你希望对方提供的条件。

表格如此布局的用意是：要更改最初的条件，就得先是"如果我为您提供……"，才可能是"那么您能为我提供……吗？"——像是一个条件问句。这时候，你已经跨越了假设阶段并开始制订方案。如果对方接受你的方案并达成协议，

表 10.5

如果您能为我提供……	那么（也只有在这些条件下）我将为您提供……
xxx	yyy
xxx	yyy
xxx	yyy
xxx	yyy
xxx	yyy
xxx	yyy

这个方案就具有约束力，而你也将遵循它来行事。

这个表格简单而专业地展示了你的方案，便于传达信息。任何潜在的失衡也一目了然：如果一栏中有 25 个条件，而另一栏中有 11 个条件，那么一方可能会觉得自己的请求没有得到充分的考虑和尊重，表明其中存在失衡。

在会面中，并非路线图中的所有条件都会被谈到，而且多数情况下，这些条件可能无法全部得到满足。但你的方案中的每个条件必须要经过讨论，至少要确保将你所有关键条件、多数重要的"香槟"条件以及对方提出的条件列入方案。切勿提出代价（过分）高昂的条件，否则你的提案就像是给对方丢了一颗"炸弹"，令他们在错愕之中产生他念，最坏的情况则是令整场谈判功亏一篑。

7. 判断：谈判是否符合你的利益

只有到这个阶段，才好纵观整个方案，尽可能客观地判断这项方案是否能最大化你的利益，你希望努力落实它吗？

到目前为止，你已经花费时间分析和明确了你的目标，与对方会面并展开了讨论，分析了自己是否认为协议可能达成。既然掌握了所有必要因素，便可以判断谈判是否值得继续推进。

在这个阶段，多数事宜已经经过会面讨论，很少会有任何一方选择退出谈判，但也可能发生被忽视的情况；或者在远离现场压力、情绪较为平稳的状态下分析情况时，你可能会发现自己并不想达成协议。

提出方案

一旦你确定推进谈判符合自己的利益，便可以提出方案，确保各方清楚地理解它，并且明白这只是初步方案，将作为接下来讨论的出发点。在呈现方案时，通常会发生以下三种情况之一：

◇你先提出方案，即你的首选条件。

◇对方先提出方案，但内容不符合你的期望。

◇对方先提出方案，并且内容符合你的期望。

如果你先提出方案

在可能的情况下（这可能因不同的文化、个性、年龄或阶级而异），优先提出方案才最符合你的利益。在提案过程中，你的方案是（或者设法成为）进一步讨论的起点或参考点。要记得，会面发展基于你所传达的路线图，因此讨论应该尽可能以你提出的方案为参照。这种策略受到锚定偏见——一种众所周知的认知偏差影响，意思是讨论中提出的第一项方案会得到更多重视。第一项方案成为"锚"，各方往往会根据它来调整自己的意见或谈判。就此后所有方案进行的讨论和解释都会从这个锚点出发。

你向对方呈现方案时，切勿将你的条件与他们的条件关联起来，毕竟两者之间往往没有逻辑关联。应该是"如果您能为我提供这些和那些，那么我会为您提供这些和那些"的口吻，而不是用以牙还牙的口吻。

💡 **示例**

一家国际公司的人事主管正在与一位可能入职的新人交涉：

"很高兴再次见到你。经过一番讨论，我们很乐意为您提供以下待遇：如果您愿意迁至非洲，三周后上岗工作，在出发前接受在船培训，帮助我们与两位水文地质学家取得联系，那么我们会确保（依照您的请求）您在入职八周后享受两个月的无薪假，在出发前进入本地团队学习，每年享受十天的自选培训，由我们安排协助您在日内瓦展开背景调查，并与我们签署含七周假期的无固定期限合同。您意下如何？"

然后等待对方反应，给对方沉默思考的空间，不要急着证明你的方案来填补这段空白。不幸的是，人们往往没忍住说话，去过度地辩解。没必要絮絮叨叨，否则对方会认为你可能没在之前的会面中把事情交代清楚，或者你的方案添加了（令人惊讶的）新元素。

注意观察，对方可能会作出多种反应。

如果你发现对方感到惊讶或愤怒，这可能是因为你擅自在方案中加入了"重磅炸弹"似的条件，或者误解了他们说的话，又或者遗忘或忽略了他们的请求。无论如何，你都应该考虑到对方可能作出的反应并采取相应的行动。正如第6章和第7章关于沟通的内容，看到对方愤怒、沉默或退缩时，先别断定对方的情绪是冲着你来的，也别急着争论和说服对方，而是要试着保持耐心与好奇，以便重新建立（谈判过程中）对方对你的信任和安全感。切勿生气，保持好奇。

如前所述，方案反映了之前会谈的质量，是在将初步讨论的内容正规化，因此各方可能直接作出预料中的反应。

进行多方谈判时，要牢记以下几点：

◇确保不冷落任何一方，不让任何一方感到自己陷入寡不敌众的劣势地位。

◇如果你先提出方案，你可能会想要解释如何落实它。例如："作为本公司首席执行官，我将先后向 A 和 B 介绍我们的方案。请勿在中途打断，介绍结束再提问和发表意见。"或者："我有一个方案要向双方介绍，其间请做好笔记，以便之后提问和发言。"

当一方感到自己被孤立时，往往会减少互动，甚至可能变得咄咄逼人，或者退出谈判，又或者阻止谈判推进。一方的负面情绪可能会对其他方产生不良影响——具体取决于有负面情绪的一方如何表达。要记得，情绪会传染，即便是"自闭式"的肢体语言也会产生影响。留意任何一方是否感到不满（哪怕只有些许迹象），并记得，可持续的谈判才是一场优秀的谈判。

如果对方先提出方案，但内容不符合你的期望

如果对方先拿出了方案：

◇不要中途打断对方，保持聆听至结束。

◇切勿直接还价。

◇要以对方的方案为出发点，逐条梳理，讨论不符合你想法或者你意料之外的内容。

如果你直接还价，那么讨论就缺少明确的起点，很可能造成混乱的局面，毕竟每一方都倾向于谈论自己提出过的想法。

如果对方先提出方案，并且内容符合你的期望

如果对方先拿出了方案，并且内容完全符合你的期望，你也要把话听完，然后沉默一两分钟，让你的"答应"更显

分量。例如你可以说："嗯，听起来不错。让我想想——如果您能划拨更多打印经费，我们现在就可以签字。"

还有一点很重要：立即同意会让对方认为自己受到亏待，错失良机，遗漏了某些要素，或是被你主导或误导。直接对方案点头，那么方案提出者难免叹惋："我本可以要求更多。""喔，天哪，我错过了什么？""他们隐瞒了什么？"因此不要直接答应，不妨以一个不太重要、象征性的条件来还价，看看能对方案作出多少改进。谈判应该是以对方的答应为终点。作家乔什·杜迪（Josh Doody）写过一篇关于自己谈判工资的文章，其中指出：一旦对方答应，或者你已经无须再提出请求，那么谈判就圆满结束了。

打磨方案

在确认对方对方案的理解和最初反应之后，就可以使用之前的会面工具来明确和打磨方案了。

要始终记得，你需要对方来推进达成这项协议，在整个谈判过程中，对方都是你的最佳机会。除非情况由于某种原因而恶化，致使你决定停止讨论并退出谈判，否则要尽量控制自己的情绪，保持冷静和善于分析才最符合你的利益。好在通常情况下，如果你已经进入呈现方案的阶段，那么各方已经相互有所了解，已经完成数次会谈，建立起了相对值得信任的环境。

避免争论：你来会面不是为了表达观点和说服对方，而是为了达成协议，达成惠及各方的伙伴关系。不要说"不行，这对我来说行不通"（两个消极表述），而要说"如果……，我觉得会更好"（积极表述）。消极表述会拖慢进度，而且往往会阻碍协作的实现。使用积极表述也许一开始有些困难，但加以练习后就会容易许多。

不要去死磕某个障碍，而是要拓展思路、另辟蹊径。尽快解决难点，利用假设性提问来疏通困境。对新观点持开放态度，并且有意地表现出灵活性（不要单纯地假设对方知道你的态度）。始终设法实现"交换"，而不是直接"白给"。不请自来的慷慨往往会造成负担，使人陷入难以摆脱的依赖。

敲定方案，达成协议

如果所有要点都经过各方讨论，你意识到自己即将得出一项各方都能接受的协议，那么你可能会选择探探前路，确认是否可以敲定协议，例如："在我看来，所有问题都已经讨论过。如果你们无异议，我们能否继续推进？"

无论你感到多么激动、多么如释重负，甚至哪怕只是因为锻炼而感到疲惫不堪，都要集中精力到谈判结束。俗话说，细节决定成败。只有当所有要点都十分明确、都获得认同与采纳，而且不存在解释的必要时，才能敲定方案——要记得，你所写和所说的一切都具有约束力。

协议条款的落实通常会在最终会议期间讨论，你需要安排一次会议来审核商定的内容及其执行方式（见第 11 章）。由于所有牵涉方都必须签署协议，因此谈判结束之前都要特别谨慎。

终审

最好与牵涉方对即将签订的协议进行最终检查，询问他们对协议以及整个谈判过程有何看法，对谈成的协议是否满意。我们可以采取以下两种做法：

仅在协议签署后，询问其他各方对协议内容是否满意，或者询问他们有何感想。如果谈判流程已经按照本书模式运作，那么他们的答案应该是"很好"或"满意"。但如果对方另有所图，或者未表明所有需求，又或者会议被某种性格的人所主导，使得其中一方没能表达某些诉求，那么答案可能会是"很好，但⋯⋯"或"还行，但⋯⋯"在这种情况下，要记下"但是"后面的内容，并重视它。切勿忽视任何潜在的不满或沮丧情绪，要予以其充分考虑。例如，你可以说："我很抱歉之前没有讨论这一点，不过我们也可以这样：按计划推进，三个月后专门开会来讨论您刚才提出的问题，如何？"

如果忽略了其中的"但是"，那么相关方可能会主动或被动地阻止或妨碍最终协议的执行，从而影响协议的实际效果。因此要重视对方话中的转折，毕竟谁都不希望宝贵的时间和精力换来的成果被打折扣。如果对方话中的转折引起了你的重视，并且你已经承诺至少会讨论这些内容，看看能如何改进，那么实际上，当他们的问题解决后，他们会更乐意参与到协议当中。对方在这时候提出的观点往往会成为他们投入协议的条件。有时你可能不确定是否应该询问，特别是当你不确定对方是否对协议感到满意时，但专门亲口询问一声非常重要。很多时候，不付诸行动来解决顾虑、不予以其足够的重视，到头来可能会竹篮打水一场空。

还有一种方法可以确认各方是否满意，即以解决问题为目的来邀请对方打分，了解每一方对协议成功执行抱有多大的信心。例如这么问：

"10 分代表您对此完全有信心，1 分代表您对此完全没信心，那么从 1 分到 10 分，您给协议的落实打几分？"

如果对方回答的分数较低，你可以提问"需要做些什么才能提高您心中的分数呢"或"您认为更高分的情况是怎样的"。然后你就需要应对他们给出的答案了。问题要么很简单，要么如上所述，会在今后成为对方投入协议的条件。

要点总结

▷谈判是一个迭代过程——你可能需要提出多项方案之后，

才能敲定一项令各方都满意的方案。

▷方案要建立在交换之上：任何让步都应该得到某种程度的补偿，哪怕只是象征性的补偿。你对抱负作出的让步都要通过添加新的条件或改进现有条件来补偿。

▷对条件进行的每项修改、作出的每个反应、提出的每个请求都要进行评估：你是否愿意接受让步？如果愿意，看看还有何种能够改进的条件。

▷交换的价值取决于你的现实情况：最重要的是这些条件对你有何意义，而非其"市场价值"有多高。

▷利益仍然是建立各方关系的基石。即便各方所追求的利益不同，也必须至少保障他们的部分利益能够实现。

▷协议不应该存在解释的余地：各方必须明确且精确地理解其中的所有内容。

▷自始至终保持专注，细节决定成败。

▷在这一步骤中,（第6、7、9章讨论的）社交直觉和沟通技巧至关重要。

▷协议必须得到各方的认同、签署和落实。

11

第5步：执行协议

　　谈判流程的最后一步是最终协议的执行。本章将介绍落实协议的最佳做法，以及如何将谈成的内容真正落到实处。本章还将阐述一些需要考虑的基本要求，确保你与谈判对手达成的协议能够有效地实施。其中多数要求都将成为最后会面时协商的条件，并纳入协议。协议的各个执行阶段与责任需要明确。本章中一些简易的项目管理工具也将帮助你完成这一步骤。

执行谈判决定

我们可能经常面临的风险是：已经讨论和谈成的内容只是成了放在抽屉里的文件，已经作好的决定根本不会落实。这种情况通常只会在至少一方对谈判丧失兴趣时才会发生。谈判流程的最后一步——执行协议，旨在确保谈成的决定落到实处。这一步关乎协议和伙伴关系的持续性，它也许是叙述最简短的一步，但与前面的所有步骤同样重要。毕竟，走完最后一步才能确保整个谈判过程没有白费。

人们常犯的一个错误，是忘记去讨论和确定如何执行协议，而这可能导致许多决定停留在一番好意或一厢情愿上，或者甚至被遗忘在角落里"吃灰"。只计划不执行，无异于浪费各方的时间，更糟糕的是破坏各方此后的谈判。如果情况理想，如何落实协议已经在最后会面时讨论过，那么在上一步（提出方案）中，就要考虑落实谈成的协议需要什么条件，并确保所作的决定已经得到各方的认同并明确地写入方案之中。

根据谈判情况的复杂性和牵涉方的数量，各方可能需要安排人员来负责协议的执行。这些人员应该善于沟通、组织、管理和谈判，具有号召力和决心。他们必须明确、认同并沟通、知晓各自的职能，从协调工作、提供专业见解到落实决定，可能会不尽相同。如果协议牵涉多方，那么执行团队应该由各方指派的代表组成。有时，聘请中立的局外人来监督执行可能效果很好，但各方在最终敲定协议时参与度越高，执行起来才会越顺利。在最终协议的鼓舞下，执行团队会再接再厉，在应对必然出现的困难时会相对地得心应手。正如本书开头所述，判断谈判成功与否的主要标准是，谈成的协议是否具有约束力、是否得到各方的持续实施。

因此，最终谈成的协议要写明行动计划、后续跟进、各方责任和最终期限。这整个步骤与项目管理和协调方面的要素非常相似，可以帮助我们把目标拆解为较小的子目标。每向前迈出一步，我们会感到自己离成功更近一些。动物行为学的相关研究表明，当终点在望时，人们前进的动力会更大、效率会更高——这个现象就是"目标梯度"效应。我们要时常注意观察情况。环境是在不断变化的，有可能包括组织、政治或经济因素，因此某些（部分）谈成的协议内容可能会随着时间的推移变得不合时宜、失去市场或不受待见。凯蒂·熊克（Katie Shonk）写过一篇关于星巴克公司（Starbucks）与卡夫公司（Kraft）之间发生纠纷的文章，其中就建议人们为协议的意外提前终止而制定终止条款和补偿条件。对于所有利益相关方而言，表明并确保评估阶段性成果非常重要，尤其是在执行初期。在一开始就评估早期取得的进展，就像最后在望的目标一样，能够激励人们向前奋进。

为了尽可能顺利且高效地执行协议，我们可以参照以下建议。

第一，对环境的任何变化保持警惕，无论是外部变化（例如地缘政治因素）还是内部变化（例如组织或团队的内部因素）。例如，X公司内部突然进行了部门重组，把协议双方的部门合并了起来，使得协议丧失了必要性，或者协议一方的活动突然外包；谈判对手国家的某个叛乱组织因领袖被杀而解散，从而使谈判失去了意义；自然灾害或流行病迫使政府改变了优先事项；一部新的法律刚刚生效；英国脱欧成功，新的国家元首和政党正在对某事举行投票。

我们要保持关注任何可能影响谈成的协议被执行或伙伴关系的因素，并（设法）进行相应的调整。

第二，我们要始终保障所有牵涉方的利益，高度关注他们并持续跟进情况。伙伴关系要落实，各方的利益就不能中断，从而协议才能得到尊重并朝着正确的方向发展。

与传统的项目管理一样，为了提升协议的执行效率，我们可以将大项目拆解为小任务，正如心理学家阿耶莱·费斯巴赫（Ayelet Fishbach）在关于目标设定的研究中所指出："朝着某个特定目标前进时，你的干劲会时强时弱。你在项目初期充满干劲，在项目完成时又会受到鼓舞。但在项目中途，你的动力往往会衰退。"因此，最好将协议拆解为一个个"速战速决"的小阶段，从而：

◇向所有利益相关方表明：目标是可能实现的。

◇保护利益、保持投入，可能的话，甚至要保持奋进的
　　热情。

◇确保事情在进展中，并且各方都知道这一事实。好好
沟通，让每一方都掌握最新情况。

传统的项目管理还有另一个要点，那就是与所有利益相
关方一起慎重地决定：

◇各方的职责与任务：谁负责做什么？

◇截止日期：什么时候结束？

◇工具和方法：如何进行？

◇资源：借助什么手段？

第三，制定执行预算并获得各方的批准（例如，举行实
体会议会产生差旅费用、起草合同的法律费用、额外指定顾
问来协调计划执行的费用等）。

第四，提前计划好几次状态评审会议，确保所有利益相
关方都出席会议，并参与协议签署生效的过程。

要点总结

▷最好在（最后的）会面期间让各方对协议的执行打分，并
就他们给出的理由进行谈判。这些理由即是他们充分投入
协议的条件。

▷要定期举行评审会议来跟进商定的事项。具备良好的项目
管理技能非常有助于协议的执行、协调和跟进。

▷密切关注和高度警惕任何情况变化，并相应地调整协议。

政治、组织、社会和个人情况是不断变化的。有些事物今天是对的，明天可能就会变成错的。如果谈判过程较为漫长，则要更加注意。必须考虑到已经谈成的协议可能在必要时进行调整，因此要作好计划。

▷计划好如何与谈判中和协议执行中所有的谈判方进行充分的沟通：善用沟通策略。

▷始终牢记，表述清晰、坦诚相待、言而有信、相互尊重，有助于建立可持续的伙伴关系和长期的交情，以及保障协议的落实。

▷不要忘记，利益才是谈判的根本。

▷使协议内容落到实处，这场谈判才算成功。如第 1 章所述，成功不仅限于优质的内容，还在于高效地执行。

第五部分
性别

12

关于性别与谈判技能的一些思考

　　本章将浅谈性别对谈判会面、行为和结果的影响。"性别"用来划分社会结构中的男女特征,"性"则是指生物本能决定的特质。现今,"性别"涵盖多种定义,未必仅限于男性和女性。为了避免混淆,可以将以下内容中提及的主要性别指代只视为男性或女性谈判者。

　　男女之间是否存在明显的谈判差异?如果是,这些参与是否会在谈判中有所体现?某些国家和地区观察和研究过男女谈判方式之间的部分差异,其中有些是不易察觉的。这些性别差异是什么?它们对人们的谈判态度和技巧有何影响?相比起人格特质,性别差异对一方的行为和另一方的感知影响更大还是更小?

　　其中部分问题的答案将由本章第一节内容揭晓。下一节内容将着重讨论性别成见及其对人们行为的影响。部分人心中确实存在成见,这种观念可能是错误的,但仍然会影响谈判。有时人们难以跳脱成见来思考,这种现象甚至很常见,往往会对沟通方式和谈判产生不利影响，有时还会限制人们实际参与谈判的意愿。此后的一节将介绍不同性别受到的反作用，再谈谈种族和文化对不同性别之间的谈判行为差异有何影响。最后，我将借鉴自己 25 年来作为女性谈判者的经验，分享一些关于性别问题的想法和见解。

谈判行为中的性别成见是否属实

我们看待自己的方式会影响我们的行为和与对方之间的互动，从而影响对方的行为和回应。正如凯蒂·拜伦（Katie Byron）写道：想法本身无害，除非有人相信它。不幸的是，人们最终认定的想法中只有少数是积极有益的。其中可能包括"我不够好""无论如何我都不可能做到……""没人愿意听我的，因为我……"。

你是否认为女性无法顺利进行谈判？或者认为男性更处于劣势？人与人之间的谈判差异是否与个性有关，与性别无关，或者认为两者兼而有之？

一个人关注什么，他就会朝着什么方向发展。《乔纳森·利文斯顿·西格尔》（*Jonathan Livingston Seagull*）的作者理查德·巴赫（Richard Bach）说，"为了某个缺陷争论不休，它就真的会成为你的缺陷"。

行为差异是客观存在的。

成见也一样。

　　人们通常将成见定义为对某个社会群体中个人的属性过度概括，例如英国人很保守，或工程师很无趣，以偏概全。这种心理暗示往往会使人带着偏见草率行事。无论是基于事实还是社会结构形成的成见，它们都客观存在，并且可能作用于谈判行为。

　　成见造成的威胁是客观存在的。

　　成见威胁理论认为，被他人套上某群体负面成见的人由于担心自己受到非难，因而可能在诊断测试中表现不佳。换言之，在知道自己所属群体给对方留下了成见的情况下，人们设法摆脱这种成见的可能性较高。

　　成见的影响力之大超乎想象，关乎一个人的行为以及他与对方的互动。事实上，成见足以影响一个人的整体世界观，无论他是否有所意识。图斯（Toosi）等人解释称，一个人的性别成见会向其提供心理图式，从而影响其谈判行为，因为他已经认定某个性别的人在谈判前和谈判时会如何表现。关于女性谈判者的部分成见包括"女性不善于谈判""女性较为优柔寡断""女性较为情绪化""女性提出的要求较少"等，可能会在不知不觉中影响女性谈判者的发挥，产生不理想的谈判结果。女性太果决或男性太亲切都会遭到诟病。无论做什么，都难逃非议。我们应该为此停止尝试吗？在我看来，这绝不应该停止尝试。不过，意识到这些问题有助于我们调整自己的行为和谈判策略。

　　关于女性谈判者的一些成见通常包括（过于）善良、配合、优柔寡断、妄自菲薄、看重情商、看重关系而非结果、比男性谈判者更容易心软。然而，关于性别成见的书面和口头内容往往都不全面。更准确、更有用的概括应该是：人类的生理性别一成不变，其载体却是时刻受文化影响而不断演变的社会成分。

不过据观察，更自信的女性作出的反应往往更强烈，尤其是当她们只关注自己的目标和目的时。

性别受到的反作用

女性受到的反作用是指部分人对女性作出负面的反应。实际上，这可能发生在任何性别的少数人身上，这些人的行为违反了其文化中的性别规范。

例如，人们在谈到女性谈判代表时，会认为在大多数文化中，自信果断地提出自己利益的女性可能会受到负面评价（即反作用），因为她们的行为中男性化特征较多、女性化特征较少。在人们眼中，她们很能干，却不讨喜。

反作用并不只发生在女性身上。图斯等人指出，地位较低的人以地位较高的人行事，更容易碰壁。在个人主义的社会中，地位低下的人自信笃定地谈判，很可能会受到反作用。所有少数族群可能都面对同样的问题。研究人员称目前已推断出自信的女性谈判代表会受到何种程度的反作用，但他们尚未正式测试过这些研究数据。

许多女性由于担心或警惕反作用和成见威胁的存在，害怕遭人抵触或批评，因而不太可能做到自信地参与谈判。

难道女性要因为真实受到或感觉受到了反作用，就放弃谈判吗？虽然警惕产生负面结果有时可能是明智之举，但无论男女，如果过早放弃而不去尝试，那么结果就注定失败。

女性谈判者的关注点也会影响对方的反应和谈判结果。多项关于谈判行为中性别差异的研究指出，如果谈判追求的是集体（团队、社区或家庭）利益，而非个人利益，那么女性谈判者谈成的结果会更好。图斯等人指出，女性代表参与谈判的效能与男性无异。换言之，代表某人或某群体进行谈判时，女性判断力较强、取得经济效益更高（这些都与男性的表现相似）。此外，代表他人进行谈判的女性能够发挥符合常规期望的辅佐天性，而为自己进行谈判的女性则违背了这些性别角色期望。这些研究发现人们对女性的成见仍然深深扎根于西方文化价值观之中。

综观本书所述的五步谈判流程，其中一个要点是通过联动工具来协助规划谈判，兼顾主张自己的观点和实现对方的利益。正如第3章所述，在联动工具的上部填入价值观和动机。价值观和许多激励因素都与谈判者自身相关，但其中总有一些与对方相关，例如，这些人可能是某个团队、组织、群体、环境或者谈判者家庭等共同利益集群。

了解你想要追求某个目标的原因，向各方明确地传达你的观点，坚持不懈地追求目标，这些都是谈判成功的重要因素，会让你再接再厉、更自信地上阵。在为自己进行的谈判中，谈判者专注于为自己争取利益，但把谈判目标改成"为实现对方的利益"而进行交换，从而双方为追求各自的利益而同舟共济，那么效果也许会更好。

文化与种族对性别偏见的影响

图斯等人还分析了性别规范在何种程度上依赖于文化。他们指出，谈判中的性别偏见大多集中在西方，但尚未提到其他方面。我认为，在研究性别对谈判结果的影响时，还应该把文化和种族纳入考虑。图斯等人认为在基本的性别成见中，男性精明能干，女性大公无私，而这些都是根据文化价值观和社会实践得出的结论，并非普遍现象。例如在中国和朝鲜等集体主义社会中，人们可能认为男性较为"大公无私"，以建立关系为导向而进行谈判，而女性则较为精明能干，正好与西方的个人主义社会相反。因此，仅仅将谈判行为的差异归因于性别太片面了。认识和理解性别与文化之间的相互作用，有助于全面洞悉谈判行为。图斯等人的结论包括：

　　◇谈判行为以文化价值观和社会实践为参照。

　　◇男女之间的谈判行为有所差别，反映了促使男女出现行为差异的性别成见。文化规范和价值观决定了行为的适当性和正确性，就性别而言通常是男性略胜一筹。

　　◇男女之间的谈判行为差异关乎文化，而在各种文化里，谈判行为都会对谈判结果造成直接的经济影响。

我的想法与经验

如何充分利用"女性特质"的优势？这里指的不是性格或外表的魅力，确切地说，对方感觉女性带来的威胁较小，这本身就是一大优势。根据劳里·魏因加特（Laurie Weingart）教授的说法，包容与配合无疑对推进谈判很有帮助。很多人问过我是否认为男女之间的谈判风格和谈判结果存在差异。回答这个问题难以三言两语说清道明。我专门从事谈判已经超过 25 年，而且是身为女性。我是女性这一事实，是促进或阻碍了我的谈判，或产生了任何其他作用？

也许男女之间的谈判方式和沟通方式存在本质区别，但更重要的是认识到，将自己禁锢在某种形象或成见中，无异于捆绑住自己的手脚、认定自己做不到，所以我们务必要避免陷入这种状态。在谈判中，男女各自的特质和技能都能派上用场，而我们正是需要培养和发展这些技能。

尽管我身为女性这一事实很可能会让他人对我有所想法，也可能会让我自己有所想法，但以我个人的经验和直觉来看，谈判成功与否并不依赖于性别。无论我高矮胖瘦、长得好看与否、来自哪个国家，我都一样可以进行谈判。人们会自动对自己感知到的外部迹象作出反应，而且受其影响，难免过早下结论。

我始终认为，性格和行为上的差异比性别差异更能影响会面过程和谈判结果。在我参与过的许多谈判中，无论是真实谈判还是案例研究，我一再见证谈判受性格特质的影响最大。以经过广泛研究的性格特征——内向和外向为例。人们通常认为外向的人更直率、更容易从外界获得能量，因此更善于谈判；而内向的人通常更含蓄、更喜欢独自思考问题。事实上确切地说，外向的人善于团结他人、迅速而巧妙地回应他人情绪；而内向的人善于耐心聆听和深入思考，这些特质都非常有利于谈判。性格特质并不依赖于性别，男性和女性之中都有外向或内向的人。显然，正如苏珊·卡因（Susan Cain）在其著作《静》（*Quite*）中所分析，性格外向和内向的人有很多方面可以相互学习，他们的特质对谈判而言都非常宝贵。

请别误会——我也发现，女性经常在谈判中受到有别于男性的待遇，而且我并不认为这不好。综观谈判各方，我们会发现女性参与的谈判确实有所不同，即使她们以类似于男性的方式进行谈判，她们的行为也还是会被差别对待。琳达·巴布科克（Linda C Babcock）在其著作《女人不问》（*Women Don't Ask*）中指出，女性需要为谈判花费更多心思，倒不是说她们不应该谈判，而是她们更需要把握谈判策略。

谈判中，我会猜测，例如，一个具有特殊种族背景的人可能多数是来自不同种族的一群人，一个青少年可能长期与一群成年人相处。少数群体进行谈判会遇到更多困难。正如曾是美国第一夫人的作家米歇尔·奥巴马（Michelle Obama）说过，她的丈夫巴拉克·奥巴马始终受到公众的密切关注——身为黑人的他去竞选总统，任何错误或失误都会导致他竞选失败。米歇尔还说，丈夫凡事都会做两遍，而且不得不精准把握自己在公众面前的一举一动。许多女性也觉得，自己需要表现得更出色才能成功。

人们采取不同做法，有时是出于固有因素，有时是出于个人信念。我深信成见威胁的危害，"有人认为成见威胁是指负面成见群体中的个人表现会变差"，他们急于把事情办好，反而没能充分发挥潜能。任何少数族群里的人都会了解自己的群体受到哪些成见的威胁，无论这个群体是以性别、种族还是年龄等因素划分。女性可能因为害羞而不参与谈判，又或者是因为她们害怕在真实生活中一次次验证他人对她们表现出的态度和作出的反应。巴布科克提醒道，无论性别成见是否存在，女性都应该有所意识，但不被这种意识束缚，哪怕要采取与性别成见相矛盾的做法，也要勇敢为自己追求且坚信的目标而进行谈判。

谈判是一项技能、一种心态、一套值得掌握的工具，无论性别。能否成为杰出的谈判者，主要看性格和能力，而非性别。我认真聆听，是因为我是女性，还是因为我生性沉着？只要我能认真听，这些问题还重要吗？社交直觉会影响谈判结果，那么社交直觉与性格、实践或性别相关吗？

在我开设讲座以及进行专业谈判时，我都在努力摆脱成见，并且我也发现这些成见已经越来越少。重要的是，我们不应该逃避成见，要意识到它们的存在，但我们说得越多，受到成见威胁的可能性就越大，因为我们被自己所听到的话所影响。虽然不同性别的群体各具特征，但所有这些特征也都出现在了每个性别群体中；为了摆脱性别成见，我们需要向所有性别的人传达这一点。行为差异通常可以用性格差异来解释，而不是通过性别来判断，在谈判中也是如此。

对此，我有两条建议。首先，要意识到成见威胁和我们自己对反作用的畏惧会影响谈判行为。其次，要明白技能需要培养与练习。不要急着否定自己，要持之以恒地努力。简而言之，正如 Azara 集团的首席执行官法蒂玛·吉利亚姆（Fatimah Gilliam）所说，无论是成为一名优秀的谈判者、运动员还是音乐家，你都要不厌其烦地多加练习。尽管有些人天赋异禀，你也不能放弃提高自身和追求成功。

要点总结

▷ 性别成见往往把女性置于劣于男性的地位，但我们不应该把这种观念套在任何人身上。种族、文化、性别和性格之间存在密切联系，共同影响着人们的谈判方式。

▷ 对于任何性别的人来说，谈判都是一项可以习得的技能。在谈判新手中，男性往往表现得更好；但训练有素的女性往往能与男性表现得一样好，甚至比男性表现得更好。

▷ 女性更注重在谈判中建立关系，这非常有助于各方持续执行最终谈成的协议。这一点就打破了关于谈判的性别成见——女性无法取得与男性一样理想的结果。毕竟，协议内容和各方关系都很重要。

▷ 撇开文化等背景而对任何性别妄下论断，就会形成片面的成见。社会地位、文化规范和社会期望以及种族和性别，都在交叉影响着人们的谈判行为和谈判结果。

▷ 在某些地区某些种族的文化熏陶下，女性谈判者表现优异，既能够为他人争取到理想的结果，也能够专注于追求自身利益。

▷ 女性可能成为非常称职且讨喜的谈判者。女性培养高度敏锐的社交直觉（见第 9 章）有助于笃定地判断采取哪种态度或行为更公正、公平。

▷ 能否谈成内容优质、可持续执行的协议，更多地取决于谈判技能，而非性别。

▷ 意识到与自己性别相关的看法和成见可能有助于培养社交直觉，但别把过多的注意力放在性别上，多关注如何通过谈判达成期望的结果。

▷ 从作者个人的经验来看，人们的性格和行为比性别更能影响会面过程和谈判结果。

结　语

脱颖而出，成为优秀的谈判者

　　无论是在直观的双方谈判还是复杂的多方谈判中，总有人能够做得更好、谈成更持久的协议。尽管性格对谈判发挥着重要作用，但同时，我们也可以系统地利用特定的工具来协助谈判、提高谈判技能，并提高谈成理想结果的可能性。我们要培养技能、用好工具，并深入分析谈判过程。接受谈判技能培训，好过仅凭直觉进行谈判。

我认为，谈判出色与否取决于以下两点：

◇能否精心规划路线图，并仔细明确自己实现目标的动机。

◇是否善于聆听，并具备敏锐的社交直觉。正如歌德所说"说话是必要，聆听则是艺术"，除非理解对方，否则难以谈成协议。

重要的是，先从自身出发思考，再去与他人互动，在整个谈判过程中充分而深刻地认识到，对方是当下你实现目标的最佳机会，你需要他们来达成协议。无论你的目标是什么，你去进行谈判，都是因为你知道（或者可能别无选择）借助对方的力量比单独行动更好。

纽约警察局的杰克·坎布里亚中尉（Jack Cambria）具备非常丰富的谈判经验，他指出：拥有一定的生活阅历使人更善于谈判，这一点对于商务谈判和人质谈判同样适用。坎布里亚说，懂得如何在紧急情况下处理情绪并作出理性的决策，是非常重要的。他强调谈判是通过聆听了解情况，而非通过辩论说服对方。他建议谈判者接受系统性的聆听培训，并认为所有谈判者都会从多听少说中受益。

本书的宗旨是把谈判当成与对方一同完成拼图，从而取得令各方满意的结果。因此，我在本书中分享的方法也像拼图一样，一步步把协议拼凑出来。有些部分花费时间较多，有些部分看似更难实践；它们共同组成一个连贯的谈判流程。无论谈判主题是关于商业、人权、环境、政治、科学还是教育，过去的经验已经多次证明，本书的谈判方法能够确保谈成的协议得到落实。

为了使这块"拼图"发挥作用，我们需要牢记以下几点：

◇对方是一个机会：我们与他们合作，是因为我们感觉把各方的资源结合起来利用，能取得比独自行动更理想的结果。

◇准备是谈判的基础：你需要明确自己的目标是什么，理解为何它对你如此重要；你需要思考向对方提供哪些条件，才能让对方提供对你而言有价值的条件。要记得，你谈判的对象不是你的目标，而是你达成目标的条件。目标赋予你谈判的动力和创造力。目标对你的鼓励作用越大，你追求它的冲劲就越足，所能发挥的创造力和韧性也就越强。联动工具可以协助你明确目标和动机：

– 如果你能够随心所欲，你会做什么？

– 如果当前情况不理想，你希望作何改变？

– 如何确定自己是否已经实现目标？这个问题会帮助你发现新的条件。

大量研究表明，准备不足的谈判者可能会作出不必要的让步，忽视潜在的价值来源（即各种条件），往往会偏离利益。经过精心规划，谈判效果会显著提高。谈判者要进行两次创造：先是在头脑中创造，然后到现实里创造。把条条细节精确地罗列出来，大脑就不会迷失方向。不妨设想自己取得成功的画面。事实证明，设想成功有助于实现成功。

◇坚信目标，敢于提问，勇往直前。别因为不好意思提问，就放弃争取。

◇利益是成功的关键。各方利益可能不同，时刻顾及每一方的利益才能使谈判、协议和伙伴关系维持下去。

◇在谈判中，不能提供无偿的条件，可以通过交换进行补偿。推进谈判的"齿轮"是交换，并非善意。

◇聆听是成功的关键。在大多数的双边或多边谈判中，解决办法都来自其中一方。因此，要始终清晰地表达自我，秉持自信、开放与合作的态度推进谈判。要善于聆听，真心对对方感兴趣，紧跟他们的步调，同时专注于实现你的目标和抱负。在我看来，这就像是一艘船在风中朝着某个港口航行——有时风会吹动船帆，使船偏航；但舵手心中始终记得，某个港口才是他的最终目的地。

◇每当对方身上出现"线索"时，要敏锐、专注、警惕地把握机会。

◇要开诚布公。对方不知道你想要什么，就无法帮助你得偿所愿。你的目标和抱负是你谈判的出发点，需要通过沟通来协调。

◇情商是一项重要技能，但也有一大弊端——同理心过强会让你更愿意作出让步，去接受可能不合情理的价值观。社交直觉至关重要，关乎你是否善于人际交往、是否善于与他人建立信任与交情以及是否坦然自若：如果某件事真的不可能发生，就明说。要敏锐地捕捉对方的情绪，判断他们是否在伪装、说谎或吹嘘。无论对方做什么，你都要保持兴趣，从而深入理解他们。人们多数时候只能做到假装感兴趣。

◇保持微笑——毕竟，你只能尽力而为，把剩下的交给对方。

我希望，你阅读本书的兴趣，就像我写作它的热情一样浓烈；也希望，本书能够帮助你学习如何以寻找解决办法为导向进行谈判，让你的谈判水平上升到一个新的台阶。

参考文献

此处所列的参考书目并不完全，因为多年来，许多作家、演讲家、客户、合作伙伴和网站都激发了我写作本书的灵感。除此之外，最重要的就是我从自己的谈判实战，以及个人冲突和组织冲突的斡旋中总结出来的经验。这份参考书目能为希望提高谈判能力的人提供良好的起点，帮助他们学习如何在顾及各方的同时，以寻求解决办法为导向推进谈判。

Amanatullah, E T&Tinsley, C H, Punishing female negotiators for asserting too much... or not enough: Exploring why advocacy moderates backlash against assertive female negotiators, *Organizational Behavior and Human Decision Processe*s, 2013, 120 (1), 110–22.

Bannink, F (2010) *Solution-Focused Conflict Management*, Hogrefe Publishing, Göttingen.

Bertrel, L (2009) *L'essentiel de la PNL*, Joe uvence, Geneva.

Cain, S (2013) *Quiet: The power of introverts in a world that can't stop talking*, Broadway Books, New York.

Coyle, D (2018) *The Culture Code: The secrets of highly successful groups*, Bantam Books, London.

Crèvecoeur, J C (2000) *Relations et jeux de pouvoir*, Joe uvence,

Geneva.

Crocker, C A, Hampson, F O and Aall, P (eds) (1999) *Herding Cats: Multiparty mediation in a complex world*, United States Institute of Peace Press, Washington.

De Shazer, S (1985) *Keys to Solution in Brief Therapy*, Norton, New York.

De Shazer, S (1988) *Clues: Investigation solutions in brief therapy*, Norton, New York.

Fischer, R and Ury, W (2011) *Getting to Yes: Negotiating an agreement without giving in*, Penguin Putnam Inc, New York.

Galtung, J (2004) *Transcend and Transform: An introduction to conflict work*, Pluto Press, New York.

Ghazal, M (1992) *Mange ta soupe et tais-toi – une autre approche des conflits parents-enfants*, Seuil, Paris.

Guidham, M (2015) *Work Communication: Mediated and face-to-face practices*, Palgrave Macmillan, London.

Harvard Business Review (2000) *On Negotiation and Conflict Resolution*, Harvard Business School Press, Brighton, MA.

Hoecklin, L (1995) *Managing Cultural Differences: Strategies for competitive advantage*, Addison-Wesley, Boston.

Hoff, B (1983) *The Tao of Pooh*, Egmont, London.

Kennedy, G (1998) *The New Negotiating Edge: The behavioural approach for results and relationships*, Nicholas Brealey, London.

Kofman, F (2013) *Conscious Business*, Sounds True Inc, Boulder, CO.

Kohlrieser, G (2009) *Négociations sensibles: Les techniques de négociation de prises d'otages appliquées au management*, Village Mondial.

Laney, M (2002) *The Introvert Advantage: How to thrive in an extrovert world*, Workman Publishing Company, New York.

Le Point, L' art de négocier, 2420, 17 January 2019.

Lewis, R D (2005) *When Cultures Collide*, Nicholas Brealey, London.

Lloyd Roberts, D (2006) *Staying Alive: Safety and security guidelines for humanitarian volunteers in conflict areas*, ICRC, Geneva.

Mancini-Griffoli, D and Picot, A (2004) Humanitarian Negotiation: A handbook for securing access, assistance and protection for civilians in armed conflict, Centre for Humanitarian Dialogue, Geneva.

McCormack, M H (1995) *On Negotiating*, Dove Books, London.

McCormack, M H (1999) *On Communicating*, New Millennium Audio, London.

Monod, J M, personal communication and interviews, (CICR), 2005.

Obama, M (2018) *Becoming*, Penguin Books Ltd, New York.

O' Hanlon, B and Weiner-Davis, M (2003) *In Search of Solutions*, WW Norton & Company, New York.

Patterson, K, Switzler, A, Grenny, J and McMillan, R (2012) *Crucial Conversations: Tools for talking when stakes are high*, McGraw-Hill, New York.

Quéinnec, E and Igalens J (2004) *Les organisations non gouvernementales et le management*, Vuibert, Paris.

Studer, F and Rosset, M (eds) (2013) *Médiation*, self-published by mediators.

Toosi, N R, Semnani-Azad, Z, Shen, W, Mor, S and Amanatullah, E T (2020) How culture and race shape gender dynamics in negotiations, in

Research Handbook on Gender and Negotiation, Editor：M Olekalns and J A Kennedy, Edward Elgar, Cheltenham.

Ricard, M and Singer, W (2017) *Cerveau et Méditation*, Pocket, Allary Editions, Paris.

Rust, S (2008) *Quand la girafe danse avec le chacal*, Editions Joe uvence, Geneva.

Walder, F (2003) *St-Germain ou la négociation*, Gallimard, Paris.

William Zartman, I (1999) *Traditional Cures for Modern Conflicts: African conflict 'medicine'*, Lynne Rienner Publishers, Boulder, CO.

附　录
真实故事

我将在此分享一些自己在现实生活中遇到的情况，在这些情况中，我采取了本书介绍的部分或全部谈判步骤。我希望通过具体实例，帮助读者将所读所学的内容联系起来，向读者展示如何应对不断变化的情况。这些示例案例并非取自营利组织或学术机构，而是源于我亲身经历过的各种商业谈判。大多数谈判都包含机密信息，已经进行匿名处理，并出于本书目的而高度简化。

以下列出了示例目录，从建立最适合谈判的心态，到了解心态对明确目标有何帮助；从发掘条件的创造性，到会面中他人可能采取的行为。你可以结合自身情况，选择自己感兴趣的示例来阅读。别急着略过以下列表，不妨像查字典一样进行比照，例如，如果你的目的是得到某个高管职位，可以查看列表并思考哪些内容适用于你的情况。无论你期望实现什么目标，以下所有示例都能提供帮助。为了便于阅读，我将这些示例分为五大类：

◇就业

◇买卖

◇大型活动

◇人权保护

◇个人与家庭

就业

⌨ 示例：个别裁员或集体裁员

背景

乔是一名 IT 系统工程师。她所在的公司已将 IT 部门的工作外包到了另一个国家。由于该国劳动力成本较低，因此公司许多同事将失去工作。IT 部门负责人致电通知乔等员工，下周将开会讨论裁员事宜。届时，人事主管、IT 部门主管和乔都要出席会议。

第 1 步：分析背景

首先，乔需要思考员工的总体期望是什么、应该怎么做。这点很重要，关乎接下来的谈判总策略。

被裁员肯定是一件不愉快的事，达成什么结果、何时开始寻觅下家，可能还取决于公司如何裁员。在最初感到震惊、不公，以及可能的怨愤之后，乔开始思考被裁员工能采取的最优策略是什么。乔作出回应的方式可以有很多种（甚至更多）。

由于经济全球化，而公司为了节省成本不惜把工作外包到了低收入国家，因此乔可能会感觉自己成了牺牲品、受到了亏待（毕竟我为公司和老板付出了这么多），难过得想躲起来。

为此，乔可能会进而感到怨愤和不甘，想反抗。乔可能会向家人和朋友诉苦，抱怨这一切的不公。现在，乔可能只是在犹豫：是独自面对，从老板身上讨回公道，求助 IT 员工的代表工会，以劳动法起诉公司，还是咨询律师？

乔可能决定"顺势而为"，她记得这句话含义是：每个问题背后都隐藏着机遇。对于裁员，乔无能为力（对于公司已经决定将所有 IT 业务转包到国外这一事实，她无法改变）。因此乔决定充分利用当前情况，尽可能化损失为收益。乔这么做并不代表她不难过、不生气、不失望，只是她不打算意气用事。乔无法阻止公司裁员，但她可能可以改变员工离职的方式。于是，乔选择了一种建设性的做法——与人事主管和 IT 部门主管开会时，致力于讨论如何在最优条件下离职。通过重构心态，乔的谈判态度和方式都会相应改变，从而更好地掌控自己的情绪，与管理层开启更具建设性的谈话。乔可能可以在达成一桩交易的情况下更体面地离职，毕竟公司也希望避免社会冲突和负面曝光。

于是，乔使用了背景分析步骤中的清单（见第 4 章），并填写了相关栏（并非所有栏都必须填完）。例如，乔可能会考虑：

◇ **与会者**：会有其他人在场吗？如果有，乔应该何时、如何询问对方能否满足她的条件？

◇ **文化**：与会者的文化是否存在需要考虑的因素？即使乔认识他们，并且与他们共事了 10 年之久，但这些因素也有必要考虑。相关因素还包括公司文化和公司所传达的价值观。例如，公司是否具有较强的社会责任感？

◇ **查找信息**：这将是乔准备工作的一个重点。乔需要尽可能多地了解，在 IT 领域和其他领域的裁员待遇方面，法律有何规定等。乔还需要了解公司是否曾经进行过裁员、当时提供了怎样的待遇。了解有多少同事同样面临裁员，可能也很重要。乔收集到的信息越多越好。

◇ **提供信息**：让两位负责人多加了解乔，对乔有何好处？那就是可以向他们提供关于裁员待遇的信息。我们不妨试想，乔之前经历过裁员，所以知道某些元素可以协商——这些可能是有利于分享的信息。

◇ **计划**：一次会议是否足够，还是说，乔认为需要开两次会，用第一次会议来讨论，然后花点时间进行思考，再用另一次会议达成协议？

第 2 步：分析目标

乔在明确同事们希望采取什么方法来充分利用当下情况后，便可以明确目标，并开始规划路线图。这份路线图可能如下所示（这只是部分条件，并且每个条件都需要仔细斟酌）。

目标：在得到补偿等某些裁员待遇的条件下离职。

条件	抱负	底线
经济待遇	6 个月的月薪	3 个月的月薪
再就业计划	在 6 个月之内再就业 由我选择新公司 相关费用全部由原公司承担	时限改为 3 个月
就业辅导	提供 6 次每次 1 小时的就业辅导课 由我选择辅导员 尽快开始	
推荐信	由我为人事主管和 IT 部门主管草拟 在 xx 年 xx 月 xx 日前定稿 由 xx 和 xx 签署	
在社交媒体上推荐	由 IT 部门主管在领英（LinkedIn）等社交媒体上编写	
根据员工年龄和所在国家	养老金对接	
养老金计划	……	

条件	抱负	底线
接受培训，培养新技能（最好是经实例和数据证明有效的培训计划）	预算：全部由公司承担 假期 培训组织选择 内部或外部培训	
待遇有效期至（工资单和实际薪水均要相符）	xx 年 xx 月 xx 日	xx 年 xx 月 xx 日
每周可求职天数（"花园休假"期间）	每周 2 天	
可用办公设备	自己原来使用的电脑、电话和打印机	
电脑	乔可以在离职时带走	
内部职位空缺	由 IT 部门主管优先安排和推荐	
裁员内部沟通：何时、如何、由谁进行	xxxxx	
裁员外部沟通：何时、如何、由谁进行	xxxxx	
向员工联系人传达离职一事	乔希望能使用公司的电子邮箱给各个联系人发送邮件，告知他们新的电子邮箱地址	
邮件内容和自动回复内容	由乔编写和发送	

　　本附录中所有示例的路线图各不相同，你当然也可以根据自己的情况修改条件。

第 3 步：会面

乔做了充分准备，因此在第一次会面时非常自信，能够冷静地看待公司裁员的决定，按照约定去了会议地点，在等候室坐下等待开会。然后乔被传唤进会议室。里面有一张大圆桌。乔向两位领导打招呼并坐下，她从容的姿态令对方感到诧异，他们以为被裁员工往往会反应更强烈、表情更紧绷，有些员工甚至会拒绝握手。

"我明白转移 IT 业务的决定没有商量的余地，甚至可能令所有人难以接受。而我希望能以最好的方式离开公司，因此打算借这个机会和两位领导谈谈。"

乔的表现引起了两位领导的好奇心，他们甚至有些惊讶，于是请乔继续往下说。然后，乔可能会心平气和地说：

"两位可以想象，我在这个年纪离职不免深感无措。我已经为公司效力多年，非常希望也需要在较好的待遇下离开。现在我想和两位谈谈离职时间和薪资问题，另外，希望公司能在我重新就业方面提供一些帮助。两位想先从哪一点开始讨论呢？"

假设领导们较有意向讨论离职日期。乔不知道（但猜到），公司担心转移业务的决定引发负面曝光，也担心员工发起罢工或采取法律行动。这些后果会破坏公司声誉，如果还导致公司被起诉，或者情况发生变化，导致公司需要扩招，那么领导们就要付出沉重的代价。假设公司方也有一张路线图，上面的条件可能包括：员工留任至业务转移，以确保应用程序的运作无缝衔接。公司担心乔等重要工程师可能想要尽快离职，导致运作交接出现问题。公司还希望当前团队向新团队提供介绍和培训。

乔对自己的要求充满信心，便继续说：

"我的理想待遇是：公司再支付我 6 个月的薪资，正式离职日期定为 ×× 年 ×× 月 ×× 日。如果公司希望我早点结束工作，我也可以提前离职。距离我到达退休年龄还有 3 年时间，如果公司能帮助我对接养老金计划，我将不胜感激。两位意下如何？"

你可能会发现乔在谈话中逐渐引入了一些重要条件，其中包括两个关键条件，向领导们表明这是她的意愿，希望可以谈判。根据公司已经作出的决定，领导可能会作出积极反应，让乔提供更多信息，或向她了解其他请求。我们设想人事主管回答如下。

人事主管："6 个月的薪资不是一个小数目。我们可以提供 3 个月的薪资，外加一些再就业协助。"

乔："我明白 6 个月的薪资听起来不少，但我确定这在合理范围内——许多公司在裁员时确实提供了比法律最低要求更好的待遇，所以我认为这个数目是可行的。我很高兴听您提到再就业协助。能在寻找新工作时得到一些帮助，令我感到宽慰。不知我是否可以自己选择就业公司呢？"

人事主管："我们已经仔细挑选了再就业公司，人事处

可以给你一份公司名单。我们提供的再就业协助计划为期 3
个月。"

乔:"其实,我希望协助计划为期 6 个月。但如果我接
受 3 个月的协助计划,并且接受公司推荐的去向,那么我能
否申请接受专业的工作培训?"

根据公司方的路线图,人事主管的回答可能如下:

"如果我们提供每周 2 天的'花园休假',让你处理其
他事宜,例如物色新工作或者上培训课,我们希望先好好计
划,以便你能够在剩余的工作时间为 X 和 Y 提供培训……"

人事主管可能会罗列条件,提出自己的理想数字,试
探乔的反应,从而继续推进。姿态就是最有力的请求,代表
着一个人的谈判信心。在乔认识到人事主管和 IT 部门主管
是争取待遇的最佳机会时,他们也是这么看待乔的。如此一
来,双方会以开放而配合的态度展开沟通,并且坚定而清晰
地传达诉求。两位领导都充分认识到公司仍然需要乔,而乔
也知道自己所提要求实属合理。

如果会议剩余时间不足以敲定协议,各方可能会决定召
开第二次会议。乔打算给对方发送一封电子邮件,概括总结
之前讨论的所有内容(注意,这些内容只是经过讨论,还未
获得各方的正式同意)。

第 4 步:提出方案

乔完成了构建方案的所有步骤,尽管她知道最终方案可

能由人事主管决定。我们设想情况如下：

条件	抱负	反应（对方）	底线
经济待遇	6 个月的薪资	对方愿意提供 3 个月的薪资。如果乔签署保密协议，那么公司可能会接受她的请求	3 个月的薪资
再就业协助计划	为期 6 个月	为期 3 个月	为期 3 个月
	由我选择新公司	由现公司提供选择清单	
	费用由公司承担	同意	
就业辅导	提供 6 次每次 1 小时的就业辅导课，费用由公司承担	提供 4 次每次 1 小时的就业辅导课——因为公司已经提供再就业协助计划	
	由我选择辅导员	同意	
	尽快开始	在所有事项敲定后立即开始	
推荐信	由我为人事主管和 IT 部门主管草拟	同意	
	在 xx 年 xx 月 xx 日前定稿	在离职前一个星期定稿	
	由 xx 和 xx 签署	同意	
在社交媒体上发表推荐信	由 IT 部门主管在领英（LinkedIn）等社交媒体上编写	不同意	
	其他社交媒体	不同意。公司只使用领英	

续表

条件	抱负	反应（对方）	底线
养老金对接	全额	如果乔找不到新工作，则降至 80%	
接受培训，取得 X 文凭	费用由公司承担	同意，取得 X 文凭需要经过 12 天的培训。乔承担餐饮和交通费用，公司承担培训费用	
	休假	用"花园休假"接受培训，即每周休假 2 天	
	培训机构选择	已确定	
待遇有效期至（工资单和实际薪水均要相符）	xx 年 xx 月 xx 日	同意，只要乔留任到最后。乔的接替者完成培训后，公司就会确认最后日期。这一点需要专门列一项条款	
每周可求职天数（"花园休假"期间）	每周 2 天	同意（见上文）	
可用办公设备	自己原来使用的电脑、电话和打印机	同意	
电脑	乔可以在离职时带走	需要人员清理计算机，删除所有相关应用程序和公司数据	
内部职位空缺	由 IT 部门主管优先安排和推荐	（尚未讨论）	
裁员通知	由 xxx 负责进行内外通知，所有通知书由乔编写	将由 xxx 为 IT 部门主管和人事主管向公司所有员工发送电子邮件——乔可以检查邮件内容并根据需要提出建议	

　　乔很满意，因为相比起她最初打算提出的待遇，她得到了更多。唯一需要补偿的条件是领英推荐。乔打算看看是否有可能把推荐信发表在自己的领英页面上。

　　乔制定的方案可能如下。

　　如果贵公司 X 能：

◇向我继续支付 6 个月的薪资。

◇如果无法保证再就业，就对接好养老金。

◇同意最终离职日期定为 ×× 年 ×× 月 ×× 日。

◇每周提供 2 天"花园休假"。

◇提供为期 3 个月的再就业协助计划，并承担所有费用。

◇提供费用为 x 元 / 小时的 4 节就业辅导课的培训，并承担所有费用。

◇……

　　那么我承诺将：

◇留任至合约到期后才离职。

◇组织离别欢送会，并邀请两位领导参加（以表善意）。

◇对本协议所有内容保密。

◇为公司培训接替者。

◇每周安排 3 天时间工作，并且确保工作质量与以往标准一致。

◇协助 x 和 y 启动文档项目。

◇协助 x 和 y 完成文档处理。

◇不与工会或记者谈论公司裁员一事。

◇······

第 5 步：执行

双方将在最后一次会面时讨论合同签署时间，以及各项事宜的执行时间，例如推荐信和内部沟通。

以上内容源于真实事件，该事件最后以告别欢送会结束，公司 CEO 告诉乔，他们几乎没见过被裁员工不怀着愤怒和怨气离职，同时还能做到如此专业。

⚲ 示例：谈判领导职位的路线图和条件

这个示例涉及科研领域，不过其中许多条件适用于任何领域。此外，这个示例也适用于找工作。

你是一名资深科学家，正在寻找组长职位的工作，以便组建自己的实验室来进行尖端研究。你打算部署双重策略。首先，你将致力于挑选心仪的工作地点和环境；其次，当你找到心仪的大学、研究所或制药公司（或其他单位）后，你将致力于获得理想的工作条件。

如果你是正在寻找博士后职位的博士，你也可以对以下路线图和条件稍作调整。此时你尚未确定工作地点。与寻找组长职位的情况一样，你可以规划两份路线图——一个用来挑选心仪的工作地点，另一个用来协商职位待遇。

第1步：分析背景

你需要做的第一件事，是决定在哪里进行研究工作。你可能首先关注与大学、研究所或制药公司相关的工作，然后把备选对象罗列出来。你可以根据个人情况来进行筛选：你看重哪些方面，例如，你以居住的城市为重还是以研究为重？换言之，你是根据自己想要居住的国家/地理位置来搜索，然后从合适的对象中筛选出组织/大学/公司，还是把两者先后顺序对调？你的答案可能取决于个人情况，例如，你的伴侣在某个城市/国家，而你的理想研究机构在另一个城市/国家时，那么选择起来可能就会非常困难。（在所有因素中）你将需要考虑以下几点：

◇选择大学或公司：哪个学院、大学、制药公司或初创制药公司、国际组织或公司

◇就业单位的声誉和（研究领域）专业深度

◇任务和价值

◇领域

◇可用设施

◇出版过的文献篇数（针对大学）

◇规模（普通员工、管理人员、技术人员数量）

◇国家

◇城市

◇出差时间

◇在国际环境下所用的语言

◇福利机会（国家资助或欧盟资助等）

◇停车位或公共交通

◇……

你可能会很快完成背景分析，因为在你选定心仪的大学之后，能选择的谈判对手也就基本确定了。

你需要仔细思考作何准备，例如：如何规划路线图、有何文化考虑因素、获取/提供哪些信息。与对方初次会面将在线上进行，但你希望至少到当地考察一次，以了解校园及其可用设施。

第2步：分析目标

选定心仪的工作单位后，你的目标可能会是以下其中之一（取决于你的职业生涯进度）：

◇我想要获得组长职位，以便在某些条件下组建自己的实验室。

◇我想要在某些条件下获得博士后职位。

◇我想要在某些条件下获得一份工作。

然后，你根据研究所需的特定职位和实验室要求来规划路线图，在面试和谈判中使用。你可以对路线图中的条件进行归类，毕竟多数条件都需要细分和微调，并且包含抱负和底线。

工作条件：

◇职位与职称

◇职责

◇晋升空间与职业前景

◇合同类型

◇就业百分比

◇弹性工作的占比和居家办公的可能性

◇详细工作说明

◇工作汇报对象

◇希望加入的委员会

◇薪资

◇午餐／食堂补贴

◇工作起始日期

◇养老金计划

◇医疗保险

◇加班补偿

◇假期

◇可申请的无薪休假

◇参与／牵涉的项目

◇需要参与或了解的网络

◇实验室预算

◇会议：允许时长、会议类型、组织安排

◇个人与团队的培训机会（软技能、硬技能和专门技术）

◇差旅资金（包括出席会议所需的费用）

◇实验室内外工作

◇工作职责中教学任务的占比

◇教学语言

◇在寻找资助合伙人和编写拨款申请方面的帮助

◇拨款申请时间 / 帮助

◇可支配时间的占比

◇秘书 / 行政人员的帮助

◇希望使用 / 培养的技能

◇与管理层会面——会面频率与对象

◇管理 / 团队领导的领导职位、人数、人员概况

◇签署合同前先会见团队

◇我的招聘 / 职位是如何向其他员工传达的

实验室条件（组长职位）：

◇启动资金 / 待遇

◇办公室大小

◇实验室大小

◇（楼中）实验室位置

◇办公室位置

◇办公桌数量

◇工作台数量

◇工作高台数量

◇照明（天花板和工作台）

◇可用计算机

◇可用专业化设备

◇其他特殊需求

◇团队成员招募：博士后、博士、实验室技术员、行政助手

◇招聘人选决定权

◇人事处对招聘提供的协助

◇人事处对工作许可证 / 签证申请提供的协助

◇秘书 / 行政助手的指派

◇特殊实验室设备，包括医疗等技术设备

◇ IT/ 计算机生物学 / 核心服务等支持的获取

◇知识产权

◇……

博士后条件（博士后职位）：

◇项目主题自选权

◇进行个人研究的时间

◇监管时间

◇文献发表定额

◇……

移居条件：

◇为员工的伴侣 / 配偶在当地就业提供的协助

◇当地育儿服务

◇住房——在当地为员工寻找住所

◇住房——费用补贴

◇为员工申请签证 / 工作许可证提供的帮助

◇移居预算与协助

◇伴侣 / 配偶能够提供的支持

◇保险

◇……

其他：

◇语言培训课

◇停车位

◇产假 / 陪产假

◇……

就业单位可能会通过电话告诉你工作待遇。如前所述，先把待遇问题搁置一旁，在"自我意识"中思考最符合你利益的目标，这样你就不会直接对某个待遇作出反应，而是将自身以及理想待遇纳入考虑来展开谈判。显然，你的抱负价值取决于这所大学或公司，或其所在国家。要记得勇敢相信自己的抱负，在谈判中提及它并争取实现它。

第 3 步：会面

无论是在线会面还是实体会面，借此机会，你才能与对方讨论需求和意愿，明确传达自己的目标，聆听对方的需求、意愿和顾虑。你听到的越多，发现的就越多，并且这些信息很可能派上用场。

第 4 步: 提出方案

待遇方案将由大学或公司提出。确保各方在签署任何协议前，已经对其内容进行讨论并同意执行其中的条款。

第 5 步: 执行

与上一个示例相同。

⌨ 示例: 临时工转正的自我引荐

以下示例关于临时工转正的自我引荐。该示例源自科学领域的真实事件，但它也适用于任何其他领域。

你是一名博士后，正在大学实验室与某家大型制药公司共同研究某个项目。该项目成果目前为止非常乐观，并且即将公开发表。该制药公司多次口头上表示，你有望与他们进行长期研究。目前为止，这些讨论仅限于口头，而你需要的是正式的书面承诺，否则你将需要物色其他工作。

第 1 步: 分析背景

分析背景时要思考以下问题:

◇谁是最适合的谈判对手? 在本示例情况下，这个人选可能会是人事主管或研发主管。

◇他们有何决定权 / 影响力?

◇你能收集到哪些关于他们的信息，例如文化背景和沟
　通偏好？

◇如何与他们联络最妥当？

◇在与他们开会谈判之前，你认为他们应该知道哪些信
　息（如果有）？

◇你希望会议以何种方式进行——在线会议还是实体会
　议，地点定在实验室还是办公室？

◇……

越了解背景，就越容易把握情况，无论你是否愿意接受
意外。

第2步：分析目标

然后，你开始规划路线图，目标是：在某些条件下转
正。路线图还包含前面示例中的许多条件。

第3步：会面

接着，写好自我引荐信。你可能会在与人事主管或研发
主管会面时发表如下开场白（这只是一个示例，你可以根据
自己的情况来调整）：

"我正在做接下来的职业规划，毕竟我们很快就能完成
项目和发表结果了。我真心希望能成为正式员工，继续为贵
公司效力。这个问题，老板已经向我提及多次。现在我需要
得到肯定的承诺，与贵公司签订书面劳动合同，这样我才能

安心规划日后的事宜。对此，贵公司有什么条件吗？需要经过什么流程呢？"

随后，你们进入了会面的核心阶段。首先聆听对方发言者的回答，并观察他们的反应，然后在对话中择机讨论你的条件，同时，仔细聆听对方有何顾虑、需求和意愿。要记得把注意力放在如何得到长期工作上，而不是争论对方为何应该给你提供这份工作上。会面结束后，给对方发送一封电子邮件，感谢他们腾出这些时间与你会面，并总结讨论过的内容，这些做法的效果通常不错。

买卖

♡ 示例：与新供应商谈判合同

你在一个专门安置失业人员的大型非政府组织工作，需要安装和部署一个捐助管理软件。组织要求你寻找最好的软件，你决定分两步完成这项工作。

首先，你需要了解组织在软件技术和功能方面有何规范，以路线图的格式整理出来，其中包含条件及其抱负和底线。然后，你将列出自己认为重要的供应商选择标准，例如公司规模、与非政府组织的业务往来记录、支持团队的地理位置、所用语言、软件订阅者数量等。这些可统称为"供应商条件"，你将以此为参照来筛选供应商。

其次，选好值得考虑的供应商之后，你将把规格列出来，很可能是以"请求提供信息"或"请求提供建议"的形式发送给他们。此举与选择新软件或供应商的传统方式不同之处在于，你有明确的抱负和底线。通常，开发者在思考软件设计和用户需求时，只会设置一个值，例如"language=English"（语言 = 英语）或"response time for help screen=6 seconds"（帮助屏幕响应时间 =6 秒）。只设置一个值，那么这个值往往就代表了底线，即开发者不希望用户等待超过 6 秒的响应时间。在你的情况下，你首先考虑的就是响应时间。例如，你理想的响应时间是 2 秒，超过 6 秒都是无法接受的。于是，你会尝试通过沟通来实现你的诉求，如果无法达成，就对你在抱负上作出的让步进行补偿（见第 10 章）。

最后，你在收到各个公司的回复并作出选择后，将与对方协商购买软件的合同条款。

第 1 步：分析背景

在这个示例中，背景分析不一定需要。

第 2 步：分析目标

选好供应商后，你将开始仔细规划路线图。同样地，你也可以把条件归类，便于确认和发挥创造力。在这个示例中，条件归类可能如下：

◇产品或服务方面的客观条件。

◇供需关系方面的条件，关乎你希望与供应商建立的关系。

◇合同方面的条件，关乎合同内容。

你的路线图可能如下（其中的条件还可以细分）：

目标：在特定条件下买到最好的捐助管理软件。

客观条件：

◇与捐助管理功能相关的条件：捐助者跟踪、捐助历史、金额、方式和时间，潜在客户跟踪，核算，联系方式与通信记录跟踪……

◇与技术、安装和部署方相关的条件：用户可以使用的语言、响应速度、所用代码、数据储存位置、服务器数量、所需技术培训、定制要求、通用数据传输能力（无须重新输入信息）、所需本地数据库管理员。

◇……

供需关系方面的条件：

◇单一联系点或单一大客户经理。

◇执行阶段的定期会议（开会时间、频率、地点、人员）。

◇问题解决进程。

◇潜在培训需求（用户功能等技术要求）。

◇在完成部署前团队人员无变动。

◇售后服务。

◇维护和定期更新。

◇项目管理方法论。

◇升级进程，以防发生延迟等问题。

◇内部技术员培训。

◇用户培训。

◇……

合同方面的条件：

◇定价等财务条件：软件、许可证、定制、执行、部
  署、培训、新模块、升级。

◇计划和日期：合同签署、项目启动、模块交付、试点
  安排、软件上线。

◇保险。

◇后备计划。

◇……

第3步：会面

你的开场白可能因在线会面或实体会面而异，例如：
"我们想购买这个软件，因此前来谈谈合作条件。"

根据这个示例的主题和买卖性质，条件讨论比其他示例
更显随意自然。同样地，要持开放态度，在某些价值定位上
发挥灵活性，还可能在某些条件下作出让步。循序渐进，记
得别在会面中作出承诺。

第 4 步：提出方案

在这个步骤中，你将分析会面期间讨论的内容并制定出方案。

"如果您愿意以……的费用，在 ×× 年 ×× 月 ×× 日前为我们安装好软件，为我们分配一位会说英语的大客户经理来负责沟通，以便在我们提出问题后的 24 小时内提供反馈，并且……，那么我们可以确保您在 ×× 年 ×× 月 ×× 日前收到头期款，每年向您购买 120 份许可证，为您提供与现有数据相关的技术信息，并且安排一位内部 IT 专家来专门负责这个项目……"

第 5 步：执行

你将与供应商一同决定某些事宜，其中可能包括何时拟定具有法律效力的条款、何时启动初始项目，以及何时、以何种频率召开进度汇报会议。

大型活动

🗣 示例：组织音乐会或其他娱乐活动

你是一名大学生，定期为非政府组织从事志愿者工作。你十分看好该组织发起的太阳能便携式炉灶环保项目，于是你决定与一群志同道合的朋友行动起来，助力这个项目的实施。你决定组织一场音乐会来帮助筹资。你的想法是：吸引一大群年轻公众或家庭来观看音乐会，打算安排几个乐队从下午开始表演到深夜。

第1步：分析背景

在这个步骤中，你将分析整体谈判背景，包括你可能希望进行几次谈判。你可能会想通过谈判来吸引赞助商、合作伙伴、乐队和场地管理员。

第2步：分析目标

以下路线图就是你的总体战略，这些战略还可以改善和调整。就像上文选择供应商的示例那样，决定性的条件可分为几个：第一个，场地和乐队的选择与确定；第二个，待谈判的合同内容。

你的总体目标是：在某些条件下为非政府组织 X 举办一场音乐会。然后，你分析此举对你而言有何意义。

你对条件的分类可能如下。

与场地相关的条件：

◇地点（城市、街坊）

◇场地大小（座位数量）

◇舞台大小

◇后台道具

◇演出者专用通道

◇观众席

◇通用设施

◇演出者准备室与专用设施

◇吧台设施

◇场地费用

◇安保

◇……

与乐队／音乐家相关的条件：

◇待询问者

◇演出费用

◇付款方式

◇演出者食宿

◇交通

◇演出日期、时间和校音

◇合同签署日期

◇保险和演出取消条件

◇设备要求

◇曲目

◇演出时长

◇安可次数

◇录音录像权

◇……

与票务相关的条件：

◇票数

◇票价

◇售票渠道

◇补票条件

◇纸质票或电子票

◇开售日期

◇ VIP 票数

◇……

与通信和公关相关的条件：

◇宣传媒介：海报、传单、网页

◇社交网络

◇演出者网站或非政府组织网站

◇预算

◇对非政府组织或乐队的采访（电台、报纸、电视）

◇观众席福利

◇……

第 3 步：会面

每类条件都可以生成路线图，用作会面谈判的主题。例如，面对场地管理员，你的开场白可以是："我们想在您的场地举办一场音乐会，因此前来谈谈合作条件。"面对乐队，你可能会说："我们想为这个非政府组织举办一场音乐会，由您来带领乐队演奏，特来与您详细谈谈这个项目。"
谈判规则不变：陈述你的目标，开放讨论双方能够提供的
条件。

人权保护

🗨 示例：为囚犯谈判人道主义援助

你在某个人权组织工作，主要负责为政治犯和战俘谈判
拘留条件。组织选出了 X 国的一些监狱，要求你走访。为
此，你需要格外谨慎地取得所有必要授权。你正在计划与负
责管理该国监狱和拘留营的政府官员谈判。首先，你需要取
得必要授权；然后，你打算提出某些请求，例如，在安全保
密的环境中与囚犯交谈。

第 1 步：分析背景

高度简化的背景分析可能如下：

目标（宏观层面）：探访被关押在 Z 国某些拘留所的囚犯			
	理想条件（我希望取得的结果）	已知元素	不容妥协的条件
对接者：名字、职能、权力、影响力……	负责管理监狱的政府要员 X 先生和 Y 女士，以及狱长 Z	X 先生曾在英国接受教育，是新上任官员，此前是一名警察。Y 女士……	

续表

目标（宏观层面）：探访被关押在 Z 国某些拘留所的囚犯			
	理想条件（我希望取得的结果）	已知元素	不容妥协的条件
要谨记的文化因素（例如，可能需要口译员）	X 先生是 A 部落成员，因为在英国念书，所以英语非常流利。Y 女士是 B 部落成员，英语一般，可能需要口译员	在大众眼里，A 部落的人往往非常（直率、害羞、专横……）	
谈判时间、详细计划和可能的最后期限	召开在线会议，以及至少一次实地走访。会议将在 6 月底之前计划完成，在 9 月底之前正式召开	选举将在 11 月开始，因此所有事项必须在 9 月之前签订，你必须在……之前完成探访	必须在 9 月（即下次选举开始）之前达成协议
地点和访问	主要监狱在首都 X 可以召开在线会议	需要申请 X 国签证，有效期 3 个月	（根据预算）最多只能到访该国 3 次
后勤和安全问题	会议环境安全且安静。对外保密，不留记录。只传阅会议纪要	政府办公室嘈杂，不够安全，无空调	不能让武装人员进入会议室
我的团队：有谁，分别担任何职，是否需要专家，各有哪些权限	我将和同事 M 一起赴会，他担任副领队。可聘用人权专家		我不能独自赴会。口译员由我来选

续表

目标（宏观层面）：探访被关押在 Z 国某些拘留所的囚犯			
	理想条件（我希望取得的结果）	已知元素	不容妥协的条件
沟通方式与所用媒介	初次会面应该为实体会议。使用电子邮件来记录和发送会议摘要。搜索有哪些可用的视频会议设施。根据文化来选择沟通方式，选择接收摘要的人员		
需要查找、询问和提供的信息	了解相关部落的文化和监狱走访的历史。与对方分享我的经验		

第 2 步：分析目标

在这个步骤中明确路线图。你想要讨论和实现的一些条件包括：

◇探访哪些囚犯：政治犯？男囚犯还是女囚犯？成年囚犯还是未成年囚犯？

◇探访哪类囚犯：已定罪的囚犯还是获假释的囚犯？

◇拘留地点：监狱、集中营、医院、警署？

◇日历：需要提前多久计划探访，具体何时探访？

◇探访时长。

◇你能够给囚犯提供什么？

◇你能够为囚犯家属及外界传达哪些信息？

◇对口译员的需求与选择。

◇探监过程中有谁在场：最好是与囚犯单独交谈，没有监狱官员在场，必要时只让口译员参与。

◇讨论内容和实际探访的保密性。

◇探监记录。

◇与拘留中心或监狱负责人的往来：信息的分享以及会面的频率、地点和时长。

◇（匿名）情况通知。

（高度简化的）路线图可能如下所示：

目标：探访 X 监狱的囚犯		
条件	抱负	底线
探访囚犯	允许非政府组织决定：探访的囚犯男女比例接近 探访已定罪或获假释的囚犯 探访成年或未成年囚犯	由监狱或政府单边决定
如何决定探访哪些囚犯，以及如何获得探监权	非政府组织向政府提供一份核准清单	
政府最迟回应日期	收到清单后 4 周	
谁将参与探监	非政府组织官员及其口译员	监狱官员不能在场
探监地点	非政府组织的场所 狱警把囚犯带进来，然后到门外等待至探监结束	

续表

目标：探访 X 监狱的囚犯		
条件	抱负	底线
探监反馈	非政府组织完全匿名 正式往来信息将匿名提供给对方政府、监狱官员、非政府组织管理层和国际特赦组织	
向囚犯提供的礼品及待遇	非政府组织能够携带食物、书籍或保健 / 医疗用品、信件、手机、钱币	
沟通	允许非政府组织安抚囚犯家属 如果囚犯希望致电家属，向其提供 5 分钟的通话时间 允许囚犯给家属写信，并由非政府组织投递信件	监狱官员不得阅读信件内容
饮食	提供休闲食品和茶水，允许在场人员享用	

ᗢ 示例：修建难民营

你在某个大型人道主义组织工作，参与某个灾后难民营修建项目。

首先，你需要与政府官员讨论修建营地的需求和要求；与非政府组织的其他官员沟通，确保获得他们的协调援助；与营地修建地点附近的社区沟通，确保获得他们的支持。此外，你还需要考虑从何处获取资助、与谁建立合作。

许多这类复杂的情况下，可能需要思考多个层面：

◇高级层面（战略）

◇操作层面

◇基础层面（工作前线）

每个层面可以生成一种或多种路线图及其项目管理方法。以下条件列表将帮助你在高级层面上规划需要考虑的因素。组织随后可能安排工作组来专门处理个别事项并制定具体路线图，例如，列出目标"在某些条件下建立健全的医疗系统"及其各项条件；或者列出目标"在某些条件下组建靠谱的管理团队来顺利地推进工作"及其各项条件。

第1步：背景分析

在背景分析中，你需要仔细思考利益相关方有谁、与你交涉的是谁，了解他们分别有何影响力，例如专业知识、决策权、协议签署权……你可能需要对每一项影响力展开详细的背景分析。

第2步：分析目标

你的总体目标是：在特定条件下修建一个难民营。

条件分类可能如下（可以进一步调整）。

建营与入营方面的条件：

◇营地应该具体在哪里修建。

◇将要接收的难民人数（包括个人及其家属）。

◇谁来制订计划、谁来批准难民入营。

◇营地大小，包含生活区、便利设施、每户家庭 / 个人的专属空间。

◇便利设施：洗手间、寝室、医疗中心、配药处、保育中心……

◇接收来自哪些地区范围内的难民。

◇营内难民的自由行动。

◇便于从首都及主要城市入营。

◇……

为工作人员与难民提供的条件：

◇卫生——医生和护士人数、必要设备、药物、配药处、病床……

◇行政工作——员工人数、必需技能、办公室大小、设备使用。

◇为难民提供的法律援助。

◇体育运动等活动、球场、运动装备。

◇语言培训课。

◇保育中心位置、服务、员工、玩具、设备。

◇基础教育、教室、未成年 / 成年学生人数、教师。

◇……

与基本必需品相关的条件：

◇饮食。

◇水源——是否能够修建水井。

◇厕所、淋浴和盥洗设备。

◇日常杂货便利店。

◇邮政服务。

◇……

保护与安全方面的条件：

◇营地保护。

◇进入营地及其办公室等区域的权限。

◇安保部署。

◇项目管理团队。

◇日期和阶段。

◇预算。

◇职能与职责。

◇……

沟通方面的条件（方式、时间、人员和媒介）：

◇与利益相关方沟通。

◇与当地社区沟通。

◇与政府沟通。

◇与其他国际组织和非政府组织沟通。

◇与难民沟通。

◇……

资金与资源方面的条件：

◇会计工作。

◇预算负责人。

◇决策人、签署人。

◇筹资。

◇……

场地租赁、购买方面的条件：

◇需要咨询的专业意见。

◇土地所有权。

◇费用。

◇……

营地管理方面的条件：

◇团队。

◇利益相关方的权利。

◇……

第3步：会面

显然，你需要与所有潜在的利益相关方进行多次会面，其中有些是双边谈判，有些是多边谈判。重要的是让利益相关方尽早参与进来，这样他们才能够尽快提供支持，或者说，至少不会阻碍项目的进行。胁迫对方达成协议则难以确保前线工作持续顺利地进行，因为这种情况往往惹人争议。根据难民营修建地所在国家的国情，你可能需要与各类人员交涉，例如该国的武装部队、政府官员、当地社区、土地所有者、贫民、联合国机构、已经在该国启动项目的非政府组织或联合国组织、私人捐助者、其他资助机构、你所在的非政府组织及其核心团队等。

个人与家庭

🗨 示例：与青少年沟通（协商）上网时间（涵盖心态、联动工具与目标）

你的两个孩子和你住在一起。你认为他们过于沉迷网络，包括社交平台和电子游戏。孩子们不理解你为何对他们上网如此不满，因此许多家庭矛盾随之产生，你们开始频繁地为了上网问题而争执。家庭不和谐令你感到心烦意乱、担心孩子们陷入网瘾（你的视角）。你发现，他们不仅作业成绩不佳，还很少出门活动。作为父母的你下意识感到："我再也无法忍受了。我不能让孩子们沉迷手机。"

如果你遵循这种思路，那么你会倾向于说服或恳求孩子们："请别这样，请珍惜家人相聚的时刻……"也可能咄咄逼人、心烦气躁地说："我受够你们玩这破游戏了，现在立刻放下手机。"然而，如果你决定尝试本书所述的谈判方法，那么要记得以下黄金法则：第一，你需要对方（你的孩子们）来满足的要求。即使你感到厌烦，并且你的看法很可能是对的，但他们仍然是你实现目标的最佳机会；第二，你的目标是你自己希望实现的事物，而不是你指望别人完成的任务。你可能会发现，使用联动工具（见第 3 章），并问问自己"为何我不想让孩子们沉迷手机"，会起到很大的帮助作用。将问题的答案填入联动工具的上部，有助于你制定一个积极的目标。然后，你可以再问问自己："如果我不希望孩子们沉迷手机，我希望他们做什么？"

如果你向对方传达的是自己不想要的事物，那么你就可能陷入毫无意义的讨论或争论，最终往往会产生不理想的结果甚至误解（处于青少年时期的孩子们可能会感到你们之间存在代沟，你不理解他们，总喜欢对他们指手画脚……）。

然而，如果你将自己想要实现的积极事物作为目标，结合你在联动工具上部写下的内容，那么之后的讨论和谈判往往效果更好。要记住，毕竟你需要通过对方来实现目标，毕竟这是一场谈判，你需要孩子们成为你的伙伴，而非敌人，他们需要自始至终参与到谈判之中。如此一来，你的目标可能会变成：在某些条件下维持家庭平衡与和睦。

随后的讨论重点将是：平衡与和睦对每位家庭成员而言意味着什么？把目标定为"我不希望你花太多时间在手机上"，就会难以发挥创造力。各方观念有所不同，需要聆听与理解，因此开启建设性讨论，才能营造更和睦的家庭氛围。反之，你们可能会日复一日地争吵，或者，你可能会强加难以落实的规定给孩子们。

你可以与孩子们讨论以下几点：

◇一起进行家庭活动（体育运动、文化节目或其他户外活动）的时间。

◇所有家庭成员的线下时间。

◇做作业的时间。

◇看电影、看电视的时间。

◇使用社交网络和打游戏的自由时间。

◇线上活动的种类。

◇全家一起吃饭时，不要使用手机或平板电脑。

◇邀请朋友来家里玩。

◇为其他活动安排预算。

◇……

这些方法虽然未必能立竿见影，但大概率比"我不希望你为所欲为"这种空洞的要求更有效。这些方法还有助于各方相互共情、相互体谅（见第 7 章关于非暴力沟通的内容）。此外，你也必须愿意改变自身习惯，享受那些完全不查看手机的线下时间。

与青少年沟通的一些小技巧包括：

◇分清楚哪些事情可商量，哪些事情不可商量——从自身出发去思考他人——确保父母双方目标一致，并对可谈与不可谈的事项达成一致。要清楚地传达目标，表达自己的诉求（而不是去倾倒厌恶情绪）。

◇积极聆听对方说的话，真正理解他们的观点，明确表示你希望了解他们的看法。对方的世界观未必与你相同。你可能需要调整自己的言语，增强意识，让自己的声音和话语听起来乐于配合，表现出好奇而非愤怒，耐心聆听而非立即反应，时刻记得对方的处境和需求未必与你相同。

◇做到灵活地调整、连贯地表达。

◇确保为沟通腾出足够的时间与耐心，毕竟对方的日常安排和谈话意愿未必符合你的期望。

◇在探索所有可能的途径前，避免以父母身份来强迫孩子，切勿把他们当成小傻瓜。

致　谢

———

所有的会面、参考文献和研究，我在研讨会上根据其个人经历和示例培训过的参与者，与我谈判过的个人和公司，以及一直鼓励我的朋友们，共同成就了本书。

因为他们，我才会将自己的谈判方法编写成书。对此，我深怀谢意。

我要特别感谢丹尼尔·卡斯尔（Dani è le Castle），事实证明，她的建议、技能、信任与热情都是无价之宝，我的感激之情无以言表。

我还要感谢盖伊·德·布雷特（Guy de Brett）耐心帮助我提高英语水平并自始至终鼓励我。

我诚挚地感谢出版团队，因为他们，本书才得以最终面世；感谢艾米·米舒尔（Amy Minshull）对我本人和这个项目予以信任，她的存在意义重大。

最后，感谢我在谈判中遇到过的所有客户、伙伴和其他参与者，他们多年来的兴趣、投入和反馈是我提笔踏上这趟冒险之旅的动力。